CON ELLOS APRENDÍ
A CAMINAR

ExLibric

RAMÓN SIERRA

CON ELLOS APRENDÍ
A CAMINAR

EXLIBRIC

ANTEQUERA 2018

RAMÓN SIERRA

CON ELLOS APRENDÍ
A CAMINAR

Cádiz, 31 de Octubre de 2017

La Asociación Andaluza del Dolor y Asistencia Continuada, tras conocer el libro sobre la "Experiencias profesionales y anímicas resultantes de mi relación con pacientes con dolor principalmente oncologico. Reacciones de los pacientes al trato humano y atención medica recibida" del Dr. Ramón Sierra Córcoles, considera que el mismo es un producto científico innovador. Dicho libro tiene una finalidad divulgativa y está dirigido tanto a pacientes como a la ciudadanía; así como, a la Comunidad Universitaria y Científica.

En consecuencia, esta Asociación avala el libro escrito por el Dr. Sierra sobre la "Experiencias profesionales y anímicas resultantes de mi relación con pacientes con dolor principalmente oncologico", por considerarlo de interés general.

Dra. J. Luisa Ortega
Secretaria de la A.A.D.A.C.

**ILUSTRE COLEGIO OFICIAL
DE MÉDICOS DE CÓRDOBA**

El Pleno de la Junta Directiva del Iltre. Colegio Oficial de Médicos de la Provincia de Córdoba en su sesión celebrada el pasado día 9 de noviembre de 2017, acordó por unanimidad de todos sus miembros avalar el libro "CON ELLOS APRENDI A CAMINAR" cuyo autor es el Dr. D. Ramón Sierra Córcoles, Doctor en Medicina y Cirugía y Colegiado Honorífico de esta Corporación.

El contenido de su lectura ha motivado esta decisión ya que está centrado en su experiencia con los pacientes afectados por dolor crónico severo, mediante un relato sencillo pero veraz e íntimo, nos aproxima a momentos difíciles en la vida de una población cada vez mas numerosa debido, principalmente, a una mayor longevidad y nos desvela el sufrimiento, la angustia y, en algunos casos, la desesperación que los puede invadir, siendo por todo ello su contenido de interés humano y cuya divulgación podría estar dirigido no solo a los pacientes, sino también a los profesionales de la medicina y cualquier lector en general.

Córdoba a 10 de noviembre de 2017
EL PRESIDENTE

Fdo. Bernabé Galán Sánchez

DR. D. RAMÓN SIERRA CÓRDOLES
MEDICO
CÓRDOBA.-

Ronda de los Tejares, 32 4ª planta | 14001 Córdoba
957 47 87 85 | web.comcordoba.com | colegiomedicos@comcordoba.com

Dedicatoria

*A todos los enfermos que, sin saberlo y
a través de su devenir, me enseñaron a
amar la vida.*

La Piedad de Miguel Ángel (Fragmento).

Laocoonte. Escultura de Agesandro, Polidoro y Atenodoro. Museo Pío-Clementino (fragmento).

PRÓLOGO

Conocerá el amable lector el famoso comienzo del soneto de Lope de Vega: *"un soneto me manda hacer Violante, que en mi vida me he visto en tanto aprieto…"*, con las distancias evidentes y el respeto al Maestro de nuestro Siglo de Oro, reconozco que fue lo que se me vino a la cabeza tras el encargo que me hace un amigo de prologar su obra. Nunca he acometido un trabajo parecido y me asusta que mi torpeza desmerezca la prosa fácil del autor, como se podrá comprobar con la lectura de este libro.

Así, pido indulgencia al iniciar este prólogo y de nuevo lo haré al acabarlo una y mil veces conocedor de mi torpeza al poner negro sobre blanco mi opinión. El autor realiza un ejercicio de justificación de su obra al comenzar la misma y creo que es esa lectura la que debe prevalecer sobre mis comentarios, en los que solo intentaré dar la versión que tengo a través de él, nunca imparcial porque yo le llamo amigo.

Ramón Sierra es Médico y Anestesista y hago uso de la conjunción y de las mayúsculas de manera intencionada porque un médico es médico y luego puede estar especializado y trabajar de lo que quiera que comprenda su especialidad, pero ante todo es y nunca deja de ser Médico y eso hay que recalcarlo. Ramón ya no ejerce de anestesista, pero morirá siendo Médico. Seguro.

Ramón es creador, en Córdoba, de la Unidad del dolor de su magnífico hospital Reina Sofía y un Accitano que insiste en que Guadix tiene como pueblo más importante de su provincia a Granada. No obstante; y sin renunciar a sus raíces, puedo hacer extensiva una simpática frase bilbaína y decir que Ramón es cordobés *"porque a pesar de que los accitanos nacen donde les da la gana"*, se ha transformado en algo más, un injerto accitano-cordobés que ejerce de ambos y no hay nadie que disfrute más de un "medio" fresquito, en cualquier taberna típica, en un mediodía de esas primaveras maravillosas que solo se conocen en Córdoba y como un Séneca contemporáneo, hablar de lo divino y de lo humano: ¡sentando cátedra!, por supuesto, entre los parroquianos.

Hay una magnífica explicación sobre lo que significa para un cordobés paladear "un medio" de vino en uno de los entrañables relatos que nos presenta el autor, por ello no haré más prolija la explicación e invito al lector a conocer de qué hablo a través de la lectura del texto presentado.

Querrá, también, el lector, conocer porqué detallo el origen del autor y el porqué comento donde ha ejercido toda su vida, y es que su nacimiento justifica parte de su carácter, por esa cabezonería "granaina" (en Andalucía utilizamos otra expresión para referirnos a ese tipo de carácter, que se localiza entre los oriundos de las inmediaciones de la capital nazarí) y su grandeza genética oriunda, que convierte en tesón inagotable el querer salirse con la suya. Así la obra está justificada: había que contar todo esto y ya está hecho.

Por otra parte, y dado el lugar donde sucede cada episodio, estas anécdotas y relatos describen muy bien la forma de ser de la gente de esta tierra: Bendita Andalucía, extraordinarias y bellísimas Córdoba y Granada.

Una tarde de invierno, en nuestra reunión habitual de amigos, cuando ya Ramón en su cabeza perfilaba las líneas finales de su trabajo literario, le oíamos resumir uno de los capítulos que siguen, en que recuerda como un amigo suyo había querido confesarse con él antes de morir. Este íntimo relato, de hondo calado moral, que ahora viene a mi cabeza y aconsejo al lector, se me asemeja a un compendio de la obra ya que estos relatos, son también una confesión, un relajo del alma del médico, que tiene la necesidad de poder trasmitir al lector lo que la experiencia del ejercicio de una profesión tan cercana al tránsito final de las personas, ha estado labrando. Lo que oyó el médico y caló en el hombre…

Este texto es una sucesión de relatos de fácil lectura, son algunas de las vivencias de un médico en ejercicio, y tiene una espiritualidad encubierta que se descubre enseguida. Hay una inquietud evidente, que se pone de manifiesto en la falta de un análisis final de cada historia. No hay conclusiones sesudas, así lo vivió y así lo cuenta. Es el relato de unos hechos, episodios, vivencias, en su mayoría profundas, y que al final nos dejan en libertad de concluir nosotros la propia historia. Su lectura, si estamos dispuestos, despertará en nosotros distintos sentimientos. Trascender es nuestro trabajo, nuestra decisión, pero seguro que nunca nos dejarán indiferentes.

El título de cada capítulo está acompañado de una imagen única, seleccionada por Ramón de manera intencionada. Yo aconsejo que, tras la lectura de cada episodio, volvamos a la primera página del mismo y examinemos de nuevo la foto que da pie al texto y veremos como ahora la imagen nos evoca otra idea. Ahí se podría encontrar la razón por la que ya no nos sentiremos indiferentes en la lectura, es la constatación de que hemos interiorizado el texto. Oímos la confesión de Ramón en silencio, extraída de la lectura y de las palabras de cada protagonista, de las que ahora somos testigos. Estos no son "chascarrillos" ¿verdad Ramón?

Deseo vivamente que el lector haya encontrado en mis palabras el interés por iniciar la lectura de lo que a continuación se relata, tenga el ánimo dispuesto y disfrute sin quedarse indiferente.

Ahora, como prometí, gracias por su clemencia y amable paciencia y continúe la lectura, no se arrepentirá.

Jesús Muñoz Carrasco.

(Foto anónima tomada de Internet).

INTRODUCCIÓN

Apocalipsis: 6,8,
"Miré, y he aquí un caballo amarillo y el que lo
montaba tenía por nombre Muerte, y el Hades le
seguía, y le fue dada la potestad sobre la cuarta
parte de la tierra, para matar con espada, con
hambre, con mortandad y con las fieras de la tierra…
El cuarto jinete es la muerte y devastación".

Ha pasado el tiempo. Lenta e inexorablemente pasa, y en su devenir provoca un cúmulo de hechos que, al mirar atrás, pasados los años en la soledad del silencio, nos traen recuerdos agridulces que despiertan unas veces dolor, otras, sonrisas. Es la vida en su complejidad, es la historia, somos nosotros mismos que durante nuestra proyección al futuro dejamos atrás una larga estela, cual cometas, de vivencias y emociones.

Todos evolucionamos poco a poco, casi sin darnos cuenta, pero evolucionamos. Pasado el tiempo, cuando miramos atrás, es cuando se advierte esta evolución y posiblemente nos preguntemos si fue a mejor o a peor, pero no disponemos de regla de medir, y nunca sabremos cómo podríamos haber sido si en vez de un camino o actuación determinada, hubiésemos obrado de distinta manera o el camino hubiese sido otro. Hay quien dice que no vale la pena pensar en lo que es y en cómo pudo ser, pero otros, más inconformistas, hacen un viaje a su interior, una profunda introspección en un intento sublime de conocerse y sobre todo saber si en ese viaje que fue toda nuestra vida dejamos atrás personas a las que no agradecimos suficientemente su labor prestada para nuestra evolución. Confieso que no acabo de valorar suficientemente si mis conclusiones se aproximan a la verdad o pudieran estar algo distorsionadas, pero son mías y ahora me veo en la necesidad de hacerlas públicas con el fin de intentar ayudar a otros a conocerse mejor.

Es mi deseo compartir estas experiencias que, pasado el tiempo, consideré podrían interesar a unos y ayudar a otros. Hay muchas formas de comenzar y yo deseo hacerlo con unos versos cantados por Armando Manzanero, que considero vienen al caso aunque he modificado alguna palabra a propósito:

"Con ellos aprendí.
Que existen nuevas y mejores emociones.
Con ellos aprendí.
A conocer un mundo nuevo de emociones".

A lo largo de una vida profesional, todos acumulamos un archivo donde están depositadas vivencias y mil anécdotas que nos hacen reír a veces, soñar y, en no pocas ocasiones, llorar por el dolor de otros. Como profesional, yo también tengo mi archivo y llegado este momento he pensado que podría ser bueno hacerlo público, porque es más que posible, que algunas de estas historias puedan ser útiles a otras personas y, ¡ojala!, les pueda ayudar a encontrar el camino. Un camino que les lleve hacia un dichoso final.

Yo no puedo decirles dónde se encuentra, no lo sé, pero deseo que puedan dar con él, porque existe y si lo buscan a buen seguro que lo encontrarán…

Cualquier profesión, con el paso de los años, te cincela día a día hasta el punto de que llegado el momento de tu jubilación, si miras atrás, crees conocer al chico que hace muy poco salía de la Facultad con unos libros bajo el brazo, unos pocos conocimientos necesitados de ampliar y desarrollar, y un enorme baúl de ilusiones, dispuesto a comerse el mundo, a demostrar que todos estaban equivocados, y él como "Ángel Exterminador", dispuesto a enfrentarse a todo y a todos para erradicar el mal y dar comienzo a una nueva etapa en la que la bondad, la buena praxis y la verdad, planearían de nuevo y resplandecerían sobre la Faz de la Tierra. Y para ello pondría todo su esfuerzo. Pronto aprendes cuan equivocado estabas, porque la vida te muestra a golpe seco que no es todo tan fácil.

Unas veces caminas solo y otras acompañado por un camino árido, seco y lleno de polvo, duro de recorrer, aunque, en ocasiones, al mirar hacia la cuneta, divisas una flor, amapola de colores chillones o humilde margarita, que con su color amarillo reclama tu mirada para mostrar su utilidad cuando aporta néctar a la abejas, y entonces, tomas conciencia de su importancia. Es otra manera de percatarse de la existencia de vida al otro lado del camino.

Tras numerosos y largos años de ejercicio profesional, casi todos los que dedicaron su vida al servicio de los demás, acumulan una extensa y rica colección de anécdotas dignas de escuchar o leer, como en este caso, ya que del más inesperado rincón del recuerdo, en ocasiones surge la enseñanza como si fuera un manantial.

Hace ya muchos años escribí una carta a Sinuhé donde le solicitaba que escribiese para todos, no solo para él, puesto a considerar que la apertura a los demás es una necesidad, que podría inducirlos al pensamiento y por ende al conocimiento.

De las anécdotas y vivencias experimentadas por todos y cada uno de nosotros, se podrían extraer múltiples acontecimientos, que nos indicarían la senda. Mejor expresado: A CAMINAR.

En algunas ocasiones estas historias están impregnadas de un alto contenido sarcástico capaz de promover la hilaridad y, como fruto de las mismas, surgen y se publican libros escritos por maestros, juristas, ingenieros, médicos y un largo etcétera de profesionales que recopilaron sus anécdotas día a día. Otras veces, la experiencia transmitida se ha centrado en episodios dramáticos, pero cuyo conocimiento nos impulsa a la meditación y, como no, a la extracción de conclusiones, que nos ayudan en nuestro devenir por los inmensos campos de Dios.

Yo, como tantos otros profesionales, he sido partícipe de situaciones, unas veces jocosas, otras tiernas capaces de dibujar una sonrisa y en demasiadas, con una dureza extrema que han dejado su particular acervo.

Han sido muchas las ocasiones en las que pensé hacerlas públicas con el pensamiento bienintencionado de que pudieran ser útiles, aunque solo fuese a uno de sus posibles lectores pero, por unas causas u otras, siempre las dejé aparcadas hasta este momento en que he decidido dar un paso al frente, empuñar papel y pluma y redactar algunas de estas vivencias.

Por respeto a todos y cada uno de los personajes que aparecen en mi escrito, he decidido utilizar nombres supuestos, lugares cambiados de nombre y, en general, todos aquellos datos que pudieran contribuir a la identificación de estas personas. Sería francamente difícil la localización de estos personajes, ya que en su mayoría han fallecido, pero aun así la posibilidad de que algún familiar pueda aún vivir y pudiera verse reconocido, hace que mantenga esta idea.

Al margen de estos datos que trato de ocultar por razones que todos pueden comprender, lo expuesto en estos relatos, tiene el máximo rigor en su contenido, y en lo que se dice no existe ni una sola palabra de más o de menos. Todo sucedió como está escrito

Algún capítulo puede ser duro, muy duro, pero he creído necesario exponerlo tal y como sucedió, porque al margen del contenido, la realidad se impone y esta no es más que el resultado de personas con emociones, que se manifiestan con sus luces y sus sombras y durante toda su vida.

Incluyo algunas experiencias sucedidas en el ejercicio de la Anestesiología y otras, de mayor crudeza, vividas durante el período de tiempo, dieciocho años, que traté el Dolor Crónico.

No es sencillo valorar el dolor, ya que cada cual siente el suyo propio como algo que no se parece en nada al de otros, aunque el proceso patológico que lo provoque sea idéntico, y esto nos lleva al terreno, nada seguro, de las arenas movedizas donde resulta difícil la movilidad y por tanto el diagnóstico, principalmente, cuando es necesario separar dolor y sufrimiento.

La dificultad del diagnóstico y, principalmente su intensidad, es alta, ya que en el mismo influye la personalidad de cada paciente y determinadas circunstancias que hacen que dos dolores, al parecer idénticos, dado que la etiología y posiblemente la evolución del proceso pudiese ser la misma, se transformen en dolores de características e intensidad distintas.

Unido al dolor, aunque no siempre, se encuentra el sufrimiento, y he visto en muchas ocasiones dolor con sufrimiento, dolor como único componente y solo sufrimiento. Así pues, es necesario comprender todo esto, para poder mirar al enfermo e intentar ver… sin juzgar.

Mi primer maestro en esta disciplina fue el Dr. Espejo, en Madrid, al que siempre agradeceré sus enseñanzas y sobre todo su amistad. Después tuve otros, los cuales sería largo enumerar y a quienes desde estas páginas, deseo expresar mi agradecimiento a la generosidad con la que contribuyeron a mi formación en esta materia. Me enseñaron sin pedir jamás nada a cambio, acompañados solo por la voluntad de ser útiles y mostrar caminos en los que creían. El Dr. Espejo, cuando daba una conferencia y deseaba resaltar el componente emocional que pudiera llevar aparejado el dolor físico, como forma de hacer más llamativa y aproximar a la audiencia al dolor y a su valoración, en término coloquial decía:

—El profesional debe tener presente que hay dos clases de dolor, el de los demás que siempre es exagerado y el mío que es insoportable. Por eso cuando un paciente se sienta ante nosotros y nos dice que tiene dolor, debemos pensar que le duele, que su dolor es real, después ya veremos, pero en principio tiene razón.

Eso si él te dice algo, porque hay ocasiones en que no es necesario hablar para saber que la persona que tienes ante ti, tiene dolor severo o bien sufre.

También sucede que, a veces, consideramos solo al paciente y pensamos que tiene dolor, pero no tenemos en cuenta algo tan fundamental como es la familia, que también sufre con el enfermo. Está con él permanentemente, lo cuida, lo observa, contempla cómo poco a poco se deteriora y en ocasiones cómo espera el último aliento de su ser querido. Sufre con el enfermo y de ahí el hecho de que en multitud de ocasiones tenga un comportamiento que podría parecernos poco lógico, pero no olvidemos que en la familia también tiene cabida la desesperación, la angustia y también, porqué no, comportamientos egoístas con la aparición de momentos difíciles, como alguno que describo para bien o para mal.

He podido observar cómo muchos pacientes padecían dolores horrorosos, con sufrimiento extremo, que podrían haber tenido solución y que por decisiones familiares o individuales fueron rechazadas con la esperanza de mejorar su imagen ante las expectativas del fin inminente que se avecinaba según sus creencias en el nuevo mundo.

He visto mucho y reconozco sin vergüenza, que en algún momento se humedecieron mis ojos al observar lo que tenía ante mí y que en demasiadas ocasiones tildé de catástrofe.

Con bastante probabilidad no emitiréis una sonrisa, ya que la mayoría de estas experiencias son duras, pero pensé que, tal vez, valdría la pena hacerlas públicas, porque constituyen parte de nuestra vida y quizás nos hagan pensar.

Desde entonces hasta la fecha ha llovido mucho.

Tranvías de Granada. 1960.

DOS PESETAS PARA
EL TRANVÍA

Por aquellos años me encontraba en Granada, había terminado mi carrera de Medicina en la Facultad de aquella ciudad
y desde pocos meses atrás, me habían nombrado médico de
guardia con una nómina algo exigua pero que me permitía
hacer prácticas, ver enfermos y entrar de lleno en contacto con
la Medicina.

No importaba el poco sueldo, ya que me sentía como Capitán General y orgulloso de formar parte de aquel grupo de médicos que trabajaban en el Hospital Clínico, donde hacía pocos meses era solo un estudiante. Unido a esto, el trabajo era abrumador y no se consideraba nada peyorativo sino como una gran suerte, ya que me permitía aprender mucho junto a otros compañeros que con más antigüedad me daban clase e impartían docencia. Fue un tiempo agotador pero hermoso y al caer en la cama tenía la impresión de que antes de tocar las sábanas ya estaba dormido.

La Granada de aquel entonces no se parecía demasiado a esta ciudad moderna que hoy contemplamos, y las comunicaciones eran bastante defectuosas, dentro de la misma Granada y más aún entre Granada y sus pueblos de la vega. Para desplazarse desde la capital a determinados pueblos se utilizaba el tranvía, que si no era muy cómodo, si que permitía cierta rapidez y un precio bastante económico.

Para hacernos una idea aproximada, expondré que desde Granada a Pinos Puente y/o viceversa, cuya distancia es de unos quince kilómetros, se utilizaba el tranvía que por un precio bastante económico, creo recordar que poco más de una peseta, te permitía cubrir la distancia en un tiempo corto y evitaba el tránsito por una carretera estrecha, con curvas y baches algo más que discretos, se podría decir que muy mala. Por tanto, sumada la ida y la vuelta, unas dos pesetas o dos con cincuenta céntimos.

En el servicio de Urgencia, las guardias las hacíamos de dos en dos con un jefe responsable de todo. Hubo un tiempo en que los jefes de guardia eran tres y se turnaban, como es lógico, cada tres día y, posteriormente, cuando se disolvió este equipo y las guardias pasaron directamente a la cátedra de Patología Quirúrgica, el Catedrático ordenó que el jefe de la guardia fuese el más antiguo de los tres que formábamos cada turno. Entre nosotros solventábamos todos los problemas de la guardia, aunque en alguna ocasión, cuando este era muy serio, se avisaba al Adjunto de Cátedra, que podría venir, si era necesario; por ejemplo, un accidente muy grave donde estuviesen implicados varias personas o una cirugía de excesiva envergadura.

Era domingo y la guardia estaba bastante tranquila cuando llegó una pareja de personas de edad avanzada. La señora vestida a la usanza de ciertos pueblos de Granada, con vestido hasta muy por debajo de las rodillas íntegramente negro, con un delantal también negro con un enorme bolsillo delantero y una toquilla de lana que ella misma había tejido sobre los hombros, que se adivinaban huesudos y poco musculosos. El marido, como lo hizo notar, con unos pantalones de pana parda bastante ajados, una camisa a cuadros rojos, semejante a la que en algunas películas exhiben los leñadores, una gorra también a cuadros haciendo juego con sus pantalones en cuanto a su antigüedad y excesivo uso.

Se notaba que era un matrimonio bastante humilde y que mostraba en todo momento una cortesía y educación exquisita.

El enfermo era el marido y manifestaba un dolor severo que comenzaba en la espalda y se irradiaba a fosa ilíaca derecha. Lo exploramos con detenimiento y clínicamente nos pareció, por todos los síntomas que acompañaban al dolor, un cólico nefrítico. Ese tipo de patologías los tratábamos en Urgencia, donde disponíamos de dos habitaciones con dos camas cada una, y allí pasamos a José para canalizar una vía y colocar un suero con sus analgésicos y espasmolíticos. El tratamiento de rutina utilizado en aquel entonces.

Una vez concluido el tratamiento, se enviaba a su domicilio, si se encontraba mejor, con una carta para su médico de cabecera con el diagnóstico, el tratamiento de urgencia que se había utilizado y nuestra opinión sobre la continuidad del tratamiento, si él lo consideraba adecuado.

No puedo recordar con exactitud el tiempo que estuvo ingresado en Urgencia, aunque calculo que unas cuatro o cinco horas, ya que llegó por la mañana y le dimos el alta aproximadamente sobre las cuatro. Durante todo el tiempo, la señora no se apartó de su lado mientras apretaba entre sus manos la del paciente que tenía más próxima. Una vez terminado el tratamiento, consideramos la conveniencia de dar de alta al paciente, por lo que nos dirigimos a su señora:

—¿Cómo es su nombre?
—Angustias.
—Bien, según pensamos su marido ha mejorado mucho, parece que no le duele y consideramos que se pueden marchar a

su pueblo sin problemas. Aquí le doy una carta para su médico de cabecera y si desde ahora hasta mañana vieran que vuelve el dolor o tuviera dificultades para orinar, lo trae de nuevo y entonces, tal vez, lo ingresaríamos.

—Muchas gracias, muchas gracias.

Y mientras decía esto, con una de sus manos apretaba fuertemente la mía y la otra la introdujo en el bolsillo del delantal, de donde extrajo cinco pesetas que me extendió para dármelas.

—Esto es para que tome Ud. un café con su compañero.

—Muchas gracias, pero no necesitamos nada, es más, lo tenemos prohibido —para dar más fuerza a mi argumento—. De verdad, muchas gracias, pero no podemos.

—Mire Ud. es que no tenemos más, pero deseamos que tomen un café… a nuestra salud. Y sonrió.

—Nos miramos mi compañero y yo ante la insistencia de Angustias, y nos pareció que era casi irreverente rechazar la propina de aquella señora y aceptamos las cinco pesetas.

Se marcharon y, mientras, nosotros continuamos atendiendo otras urgencias.

De nuevo la memoria vuelve a pasar factura y no me permite recordar qué tiempo pasaría hasta casi media tarde en que mi compañero me propuso tomar un café. En aquellos hospitales no existía cafetería ni cosas por el estilo, pero frente a la Urgencia se encontraba un bar donde solíamos acudir todos los médicos, en uno u otro momento, a tomar café. "El Ramírez", que posiblemente subsista. Dejamos la Urgencia un rato, previo aviso al celador de que estábamos en "El Ramírez", tomando un café, y descendimos los cinco o seis escalones de la entrada que nos separaban de la calle, cuando pudimos ver a unos veinte o treinta metros a los dos abuelos pidiendo limosna.

—¿Pero qué hacen aquí todavía?

Angustias se puso colorada y su respuesta fue el motivo por el que aún hoy recuerdo esta historia.

—Es que nos faltaban tres pesetas para el tranvía y esperábamos
juntarlas, porque somos de Pinos. ¿Sabe Ud.? Y está muy lejos.

¡Dios! En agradecimiento nos habían dado el dinero del billete del tranvía para que nosotros tomásemos café.

Nos miramos los dos. Sacamos "un" dinero del bolsillo y se lo dimos para que pudieran regresar. Una cantidad suficiente para que no pudieran sentirse ridiculizados o molestos, y después nos volvimos al hospital sin tomar el café.

La generosidad no es patrimonio de nadie, pero es curioso que en la gente humilde la hemos observado con harta frecuencia. Hay momentos en que, sin esperarlo, se nota un cierto dolor agudo en el estómago y no por la presencia de anomalías físicas.

(Foto anónima tomada de Internet).

UN MANTECADO EN MAYO

El Hospital Clínico de Granada disponía de dos tipos de habitaciones por cátedra, unas comunes, estancias corridas donde se ingresaban un número de dieciséis pacientes en dos módulos distintos, uno para hombres y otro para mujeres y después cuatro habitaciones individuales por cada módulo, donde se ingresaban pacientes que lo solicitaban o eran remitidos por compañías de seguros, bien por accidentes de tráfico y laborales o simplemente eran considerados como privados, aunque estos últimos se podrían contar con las manos, ya que el hospital era considerado de beneficencia y este último caso no era habitual.

En las dependencias comunes las camas se alineaban unas al lado de otras, con un espacio intermedio para colocar una mesita de noche donde los pacientes depositaban ciertas pertenencias, y un banquillo. Así pues, desde la puerta se podía divisar perfectamente toda la sala y a todos los pacientes que estuviesen ingresados en ese momento.

Como entonces no existía el sistema docente denominado MIR, todos los médicos del hospital desarrollábamos tareas que posiblemente no eran de nuestra especialidad, pero que sin ningún género de dudas contribuían a nuestra formación. Aquella mañana acababa de ingresar un paciente en la cama número cinco y me fue asignado. Tal vez, sea conveniente explicar algo del funcionamiento interno de los servicios que poco a poco iré desgranando conforme avance mi relato. Una vez terminado el horario de hospital, todos los problemas de cualquier paciente eran atendidos por los médicos de guardia, pero durante el horario habitual, cada uno de nosotros era responsable de las camas asignadas por el Catedrático y supervisado por el médico adjunto.

Este paciente era algo mayor, o a mí me lo parecía en aquel entonces, con solo veinticuatro años. Tenía sesenta años y aunque se encontraba muy deteriorado por la enfermedad, tampoco estaba exenta en dicho deterioro, una vida dura con un trabajo de sol a sol, cuando lo tenía, y continuamente expuesto a las inclemencias del tiempo en campos poco productivos, sin aperos de labranza comúnmente conocidos y en una época en que la nutrición incorrecta e insuficiente era el pan nuestro de cada día. Vamos, el PAN.

Enjuto, con bastante pelo a pesar de su edad, aunque totalmente blanco, llamaba la atención por sus pómulos afilados y ojos grandes que sobresalían en una faz hundida consecuencia de su extrema delgadez.

Durante unos días fue sometido a estudio y terminado este, el diagnóstico no fue muy favorable: Sarcoma.

A lo largo de mi vida profesional, la forma de dar las noticias, tanto a pacientes como a sus familiares ha variado sensiblemente, pero sobre todo valorando muy mucho, qué se le decía al paciente según la evolución de su patología, la edad e incluso la proximidad de un desenlace aciago, con la sana intencionalidad de no aumentar especialmente su sufrimiento.

En este caso, como médico encargado de su control, decidí dar la noticia a su esposa en primer lugar y consultar con ella, cómo deseaba que se lo dijésemos a él. Hice llamar a su esposa, Carmen, al despachito del cual disponíamos en las proximidades de la sala y que nos servía para todo, tomar café cuando había, descansar o, como en este caso, para hablar con los familiares.

Al pasar y tras sentarse, le comenté que ya teníamos los resultados de las pruebas realizadas a su marido y comenzamos a hablar:

—Carmen, se han recibido los resultados de anatomía patológica, de la muestra que se le extrajo a su marido. Ya se le explicó en su momento el proceso que íbamos a seguir y ahora estamos más seguros del diagnóstico.

Sin esperar demasiado me soltó:

—¿Se va a morir? —Y se puso a llorar—. Estamos solos los dos. Hemos estado siempre unidos y nunca nos separamos. ¡Qué sola me voy a quedar!

—¿Tienen hijos?

—No hemos tenido. Dios no lo quiso.

—Lo siento, Carmen, lo siento de verdad, y lleva Ud. razón, lo que tiene su marido no es bueno, aunque nosotros haremos todo lo posible para que no sufra. Es un tumor y tendremos que intervenirlo. ¿Sabe? Operarlo e intentar quitarlo todo.

—¿Cree Ud. qué tendrá curación?

—No lo sabemos, pero la curación parece difícil, aunque no le quepa la menor duda de que haremos todo lo que esté en nuestras manos.

—Eso lo sé, he visto como se están portando con él y los cuidados que le dan.

—Todos somos uno y nos corresponde a todos su cuidado. No le quepa la menor duda de que haremos lo mejor para él, lo que más le convenga, según vaya su enfermedad.

Unos días después fue intervenido, aunque a pesar de la cirugía no se podía esperar un buen resultado, así que volví a citar a Carmen para hablar con ella de todo esto y darle la desagradable noticia, que era necesario dar, aunque no fuera nunca plato de buen gusto.

La atención que recibían todos los enfermos era muy buena, porque todos nos desvivíamos por atenderlos y llevarlos con la mayor dignidad, pero en este caso parecía como si lo sintiese con mayor intensidad, le dedicaba todo el tiempo que podía, hablaba con él y en algún que otro momento le conté chistes o le gasté bromas que provocaron alguna que otra sonrisa. Aunque mi visita era a diario, alguna vez cuando estaba de guardia también me pasaba por la sala al caer la tarde y le hacía un comentario casi siempre jocoso, lo cual agradecía especialmente con una sonrisa.

En cierta ocasión, al terminar mi jornada en el hospital sobre las tres de la tarde, marché a casa para comer y dedicar el resto del día a otras funciones, cuando me encontré con Carmen, que me esperaba sentada en el portal. Me alarmé por la sorpresa, ya que hacía solo unas dos o tres horas que había estado con su marido y se encontraba bien. Como siempre, con su vestido negro, su chal de lana, el pañuelo negro sobre su cabeza cana y un moño anudado en la parte posterior, portando, en esta ocasión, un cesto pequeño de mimbre enganchado al brazo.

—Buenas tardes, Dr. Sierra. Estaba esperándolo.
—¡Hola Carmen! ¿Pasa algo? Vengo del hospital y todo estaba bien, al menos no tengo noticias de suceso alguno.

Y con este último comentario hacía referencia, sin nombrarlo, a su marido.

—¡No!, no es por Juan. Es que me he permitido traerle un pequeño regalo. Sé que es poca cosa y deseo que no se ofenda, pero es que nosotros no somos ricos. No he querido dárselo en el hospital y por eso se lo he traído a su casa.

—Pero mujer, no es necesario nada. Y además, por qué no ha llamado a casa y me hubiese esperado dentro.

—Verá Ud., es que me ha dado vergüenza y he preferido esperar en las escaleras a que llegara.

Abrió seguidamente la cestilla de mimbre y extrajo del interior un "algo" envuelto en papel de periódico. Lo desplegó y apareció el contenido que ocultaba: tres mantecados.

—Dr. Sierra, espero que le gusten. A Juan y a mí nos haría mucha ilusión.

Me emocioné como creo que lo podría haber hecho cualquiera y le pedí que nos sentáramos en uno de los escalones.

—Carmen, no se puede hacer idea de cómo me gustan los mantecados. No se lo diga a nadie, pero es que soy muy goloso y en casa casi no me permiten tomar de estas cosas para no engordar y cuando lo hago siempre es a escondidas. Lo que no sé es como ha podido conseguirlos en el mes de mayo.

Nos sentamos los dos en la escalera y le ofrecí uno a ella que rechazó, yo me comí el segundo y guardé los otros dos. El mejor mantecado de mi vida. Cosas difíciles de olvidar.

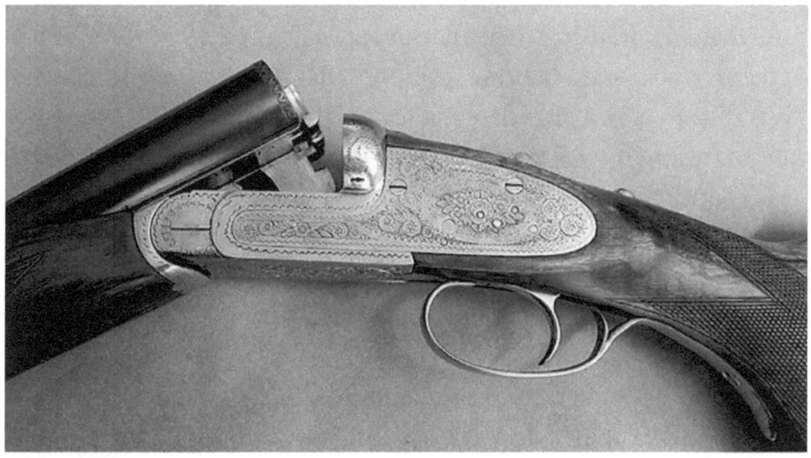

(Foto de archivo personal).

UN TIRO CON MALA PATA

Se acababa de levantar la veda y por tanto daba comienzo la temporada de caza.

Todos saben, por proximidad, vivencias más o menos personales y directas o simplemente por leerlo en los periódicos, que en este período del año, suelen ocurrir algunos accidentes debido a las armas de fuego que se utilizan en las actividades cinegéticas.

Aquel doce de octubre, era el primer día de cacería, posiblemente, el más importante del año, cuando el nerviosismo te invade desde semanas anteriores, solo por la ilusión de la caza, por una actividad controlada durante largo tiempo, debido a la veda necesaria para la preservación de las especies. Durante muchos días con anterioridad a la fecha mencionada, los cazadores que mantienen viva la afición de este deporte, tienen reuniones casi monotemáticas donde se habla de proyectos, fincas, tipos de caza y otras mil cosas referidas al tema. Permisos de armas, seguros del cazador y sobre todo de cómo está el celo o si los campos van a ofrecer buenas jornadas.

Aquel doce de octubre me encontraba de guardia de urgencias y había comentado (parecía una admonición) a mi compañero, este tipo de accidentes, con el deseo de que este día pasara lo más rápidamente posible y sin percances de cualquier tipo.

Desgraciadamente no sucedió según mi deseo, y alrededor de las tres de la tarde aproximadamente, se acercó a la puerta del hospital un coche que hacía sonar el claxon todo lo que este daba de sí, mientras un hombre casi con medio cuerpo fuera y asomado por la ventanilla anterior derecha, hacía ondear un pañuelo blanco y lo agitaba con toda la violencia que le era posible, hasta detenerse en la misma entrada.

De inmediato y como era costumbre, los celadores acudieron con la camilla dispuesta para el traslado del herido al interior de la sala de Urgencias, que se encontraba justo en la entrada del hospital, lo sacaron del coche y lo pasaron directamente a la sala de reconocimiento, donde lo depositaron sobre la camilla que se utilizaba a tal efecto.

El herido lloraba de dolor y yo pensé que también de miedo, ese que produce el desconocimiento de lo que va a suceder de manera más o menos inmediata, te hace rechinar los dientes y temblar todo el cuerpo. Venía acompañado por tres amigos que deseaban entrar con él al interior de la consulta, aunque uno de los celadores se lo impidió con gesto y palabras corteses pero imperativas: La dirección médica del hospital no autorizaba el paso a familiares y amigos al interior de la sala de Urgencias, solo uno podría acompañarlo porque, entre otras cosas, era útil para contestar a determinadas preguntas del médico sin molestar demasiado al paciente.

El accidente se había producido, según su compañero, por una estupidez. Había colocado la escopeta de una manera que ningún cazador medianamente avezado hace y que de hecho es de las primeras cosas que se advierten cuando se es algo novato en las cacerías y, si lo hace por descuido o ignorancia, es reprendido rápidamente por cualquiera que se encuentre a su lado, pero esto sucedió fuera del caserío y por si fuera poco no había descargado la escopeta, otra precaución que siempre se tiene en cuenta, según el dicho popular entre cazadores, de que las escopetas las carga el diablo. El tema es que se había apoyado el cañón de la escopeta sobre el dorso del pie y por razones, en ese instante desconocidas, se disparó el arma destrozando el mismo. Al descubrir, pudimos observar una amalgama de músculo, tendones y fragmentos óseos mezclados con perdigones, el taco del cartucho y hasta pequeñas piedras que por la fuerza del disparo habían saltado del suelo y penetrado en la herida. Un pie totalmente catastrófico.

Se le curó como era costumbre y en cuanto fue posible tras el estudio y valoración, se procedió a rellenar los partes para la Policía, los libros que quedarían en Urgencia, reflejo de las actuaciones médicas efectuadas, y otro parte que presentaríamos al Catedrático al día siguiente, durante la reunión previa de la mañana, donde se valoraba nuestra actuación en Urgencias y se tomaban decisiones sobre los ingresos que se pudiesen haber efectuado.

La valoración que se hizo, tal y como suponíamos, era de suma gravedad y debíamos pasarlo a quirófano con la mayor celeridad posible, para intentar recomponer aquel galimatías, y así se procedió para intervenir esa misma tarde y sin demora. Se comenzó una intervención en la que se invirtieron bastantes horas; no obstante, después de concluida, todos éramos sabedores de que esta no sería la única, necesitaría otras más, a decidir según la evolución.

Una vez concluida la operación, pasó a una habitación de carácter privado, dado que tenía un seguro médico que la cubría, aunque en aquel momento no nos preocupaban los gastos del hospital.

Los médicos cirujanos, anestesiólogos o ayudantes, tenían entre sus obligaciones atender a todos los pacientes de beneficencia con cargo a la Institución, no aquellos que tenían compañías o seguros privados a los que, una vez terminada la asistencia y lograda la recuperación, se les pasaba la factura de honorarios profesionales, bien a ellos o bien a su seguro.

…Y entramos de lleno en el relato.

Pasados los primeros días de la primera intervención vino a buscarme al hospital un buen amigo para invitarme a tomar café.

En principio me sorprendió, ya que no era habitual que viniera a invitarme a tomar café, más bien yo diría que nunca lo había hecho, pero bueno, qué le vamos a hacer, siempre existe una primera vez. Estuvo muy simpático y hablamos de cien mil cosas, de las que noventa y nueve mil novecientas noventa y nueve me interesaban nada, por decir algo y mientras tanto yo continuaba preguntándome por tan extraña visita, hasta que en un momento sacó la conversación del herido, íntimo amigo suyo desde niños y la desgracia tan grande que le suponía dicho accidente. Era un hombre sin grandes posibles y con un negocio humilde de venta de zapatos.

—Por cierto, Ramón, él no sabe cómo va esto del hospital. ¿Los seguros cubren íntegramente el accidente? Me refiero a cómo va esto. Hay varios conceptos según tenemos entendido. Intervenciones, habitación, cirujanos, etc…

—Sí, y también anestesiólogo. —Acababa de intuir el motivo de la visita—. Todo dependerá de la cobertura del seguro y las cantidades. Creo que su familia debería estudiarlo e incluso ponerse en contacto con la compañía aseguradora, porque, entre otras cosas, es preferible arreglar o intentar arreglar todo lo que sea posible, antes de que puedan encontrarse con una sorpresa. Además, se le ha efectuado una intervención, pero no debe quedaros la más mínima duda, —ahí, lo incluí a él para hacerle ver que la conversación la tenía casi controlada y que había detectado la causa de su invitación—, de que habrá otras intervenciones, y que el proceso de recuperación sería largo y difícil, por lo que sería conveniente que se informaran del tipo de seguro y cobertura.

—¿Pero el anestesiólogo no está incluido en los honorarios del médico?

—Pues sí y no, eso dependerá del tipo de seguro Entre otras cosas el anestesiólogo es otro médico que participa en el quirófano de manera independiente y por tanto sus honorarios están al margen de los cirujanos. Tengo entendido que el Catedrático incluye en sus honorarios los de sus ayudantes, aunque no puedo especificar mucho; no obstante, nunca los del anestesiólogo.

—Hombre. Ramón. ¿Tú no podrías hacer nada por este chico que ya te he dicho que económicamente no está demasiado boyante?

—Yo podría, debido a tu amistad, hacer algo en cuanto a mis honorarios, porque dependen de mí, pero no se me ocurriría decirle al Jefe (Catedrático), algo semejante, porque al margen de parecerme una falta de respeto inmiscuirme en sus honorarios, es que me podría mandar a cierto lugar no excesivamente envidiable por su buen olor.

—Bueno, bueno, tú haz lo que puedas, que estas cosas siempre se agradecen.

—…con un par….

Nos despedimos y posteriormente estuvimos sin vernos durante bastante tiempo, muestra irrefutable del grado de amistad, pero así funcionan algunos elementos. Posteriormente a esta conversación, el accidentado fue dado de alta hospitalaria cuando se consideró adecuado, aunque no de alta por curación. Durante casi un año estuvo ingresando en el hospital para ser reintervenido en varias ocasiones y solo en la última, cuando se le dio el alta definitiva, dicho sea de paso, con una recuperación casi total, volvió por allí mi gran amigo, dueño de la proposición anteriormente expuesta y me pidió de nuevo tomar café, a lo que accedí. Tampoco costaba trabajo, ni mucha pérdida de tiempo, dado que frente a la puerta del hospital, existía una cafetería donde solíamos tomar algún que otro café o refrigerio. Ya estaba a la expectativa de lo que podría decirme y no me equivoqué.

—Bueno, esto parece que está terminado. Gracias a Dios y que todo ha salido bien. ¡La verdad, es que sois unos fenómenos! Todos los amigos pensábamos que tendrían que cortarle el pie, y mira como está, que casi parece no le ha pasado nada.

—Pues la verdad es que sí, viendo lo visto, creo que somos unos fenómenos capaces de solucionar los accidentes que provocan la idiotez de algunos.

—¡Contra, Ramón, tampoco es para tanto!

—Pero si acabas de decir que todos creíais que se tendría que amputar el pie y está con él entero y caminando. ¡Tú dirás qué debo decir! Cualquier cosa menos que es fruto de la casualidad.

—Sonrió. Bueno, de lo que hablamos. ¿Qué? ¿Has hablado algo con tus compañeros?

—Pues la verdad es que no. Entre otras cosas porque D. Manuel no es mi compañero, es mi jefe. Yo sí tendré con él una atención en cuanto a mis honorarios, no te preocupes.

Cuando se marchó del hospital dado de alta definitiva, no vino a dar las gracias, ni nada por el estilo, como podría ser lo más elemental, preguntar por mis honorarios, así que la atención que tenía pensado tener con él no fue necesaria, se la tomó él.

Pero la historia no acaba ahí, es necesario completarla porque el final es el inductor del comentario sarcástico.

No puedo precisar el tiempo transcurrido entre su alta y la siguiente vez que nos vimos, pero, en principio, no creo que tenga gran importancia. Aquel día estaba libre en el hospital, cosa poco frecuente, porque entonces los descansos eran muy escasos, y con un compañero salimos a comprar algunas cosas. Yo me compré un traje príncipe de Gales con una raya roja, ¡bien bonito que era!, pero su gran valor es que me lo compraba con mis primeros ahorros y pensando en que mi padre ya no tenía que participar en estas cosas, ni en la decisión de qué traje tenía que ser, ni en pagarlo. Íbamos contentos y decidí que también sería bueno comprar unos zapatos para acompañarlo, ya que los que tenía estaban algo deteriorados y mira por donde, como estaba allí cerca la zapatería de este "conocido", decidimos pasar y comprar allí los zapatos. ¡Todo menos una zapatería humilde!

Mira por donde, estaba el accidentado, que salió de detrás del mostrador para saludarnos de manera muy efusiva y recordar los tiempos de estancia en el hospital, lo bien que lo habíamos tratado y lo agradecido que nos estaba.

—¡Mira, mira qué bien he quedado! ¿A qué no se nota nada? Cualquiera diría lo que tuve y gracias a vosotros todo está como nadie podría imaginarlo. Antoñita —dijo dirigiéndose a la dependienta—. Atiende a estos señores como a nadie, que son los doctores que me operaron y les estoy muy agradecido.

—Bueno, Ramón.

—Yo tengo que salir, porque debo ir al banco a solucionar cosas del negocio. ¡Ya sabes! No se para nunca.

—No te preocupes.

Nos despedimos y Antoñita se responsabilizó de atendernos. Tardamos solo unos minutos, ya que siempre he comprado el mismo modelo de zapatos y nos dirigimos a caja para abonar su importe.

—Dr., el jefe ha dicho que le atendamos como si fuera él, así que sobre el precio que marcan los zapatos le vamos a practicar un buen descuento. Le haremos un 10%.

—Muchas gracias, son Udes. muy amables.

Abonamos y salimos a la calle y como mi compañero estaba al tanto del tema no pudimos evitar una sonrisa y algún comentario referido a la generosidad de ciertos "amigos".

(El beso de Edvard Munch. 1897).

NO LE DIGA LO QUE TENGO

Es conocido por los profesionales médicos, la discrepancia que existe ante la conveniencia o no de contar al paciente toda la verdad sobre su proceso y evolución, aunque pueda encontrarse en una fase muy terminal de su vida.

Corresponde al profesional médico decidir sobre ciertas cuestiones, y el Colegio de Médicos dispone de un Comité Ético que en determinadas circunstancias podría llamarnos la atención sobre nuestra buena o mala praxis. Mantengo que la decisión de transmitir al paciente con cáncer su pronóstico y evolución, esté más o menos avanzado, corresponde evidentemente a su médico y no se deben adoptar medidas maximalistas que interpreten, bajo cualquier circunstancia, que se debe decir siempre la verdad. Es necesario valorar a título individual la conveniencia de ser excesivamente explícito al transmitir información, ya que los casos son distintos entre sí. No pueden ser idénticos los datos que se deban dar a un paciente con cuarenta años o con ochenta, en una fase inicial o media de su proceso o bien en una fase terminal cuando posiblemente al paciente le quedan solo días u horas de vida. Es necesario analizar el daño o el beneficio que le puede aportar dicha información. Siempre se ha dicho que el médico debe curar, si no puede hacerlo, debe paliar y si esto no fuese posible, debe consolar y desde mi prisma, poco consuelo se puede dar a un enfermo al que se le diga que va a morir en las próximas horas. Una mentira piadosa podría ser valorada como positiva.

Este argumento suele acontecer también entre los familiares de los pacientes que con frecuencia acuden a la consulta, previamente a la visita que hará el enfermo, para solicitar que no le digamos lo que tiene, para evitar que sufra con el conocimiento de su patología.

Con este planteamiento deseo narrar el caso de Sebastián, un paciente con cáncer de pulmón que acudió a mi consulta para solicitar tratamiento de su dolor.

Aquel lunes acudí a la consulta a la hora habitual, las cuatro de la tarde, y cuando me dirigía al despacho, la enfermera me llamó la atención para que me aproximara a recepción, mientras con la mirada indicaba algo en principio desconocido por mí. Me acerqué y al instante bajó la voz para que sus palabras solo pudiese recibirlas yo.

—Dr. Sierra. En la sala de espera hay un paciente que dice necesita hablar con Ud., le he preguntado, pero no ha querido decirme nada, solo que necesita hablar con Ud. urgentemente, y lo más curioso es que tiene dada hora para pasado mañana miércoles.

—¿Hay algún paciente ya en la sala de espera?

—Aún no ha llegado el primero.

—Bien. Entonces hablaré con él y no rompemos el turno.

Me dirigí a la consulta y al pasar por delante de él, después de saludarlo con "un buenas tardes", lo hice pasar.

—Bien, Ud. dirá. Me ha dicho la enfermera que deseaba hacerme una consulta, aunque tiene dada cita para pasado mañana y eso me ha sorprendido.

—Le ruego me disculpe, pero tenía necesidad de hablar con Ud. No le ocuparé demasiado tiempo, ya que como sabe vendré pasado mañana a la consulta, pero ese es precisamente el motivo de esta entrevista.

—Siéntese y hablamos.

—Verá, el motivo de mi consulta del miércoles es porque me han diagnosticado un cáncer de pulmón y comienzan los dolores. Pretendo que los controle, ya que le tengo pánico a las consecuencias y no sé si sabré llevarlo con dignidad.

Vendré con mi esposa y deseo pedirle que no le diga nada a ella, porque no quiero que sufra. Ya se enterará más adelante cuando la enfermedad avance y no se pueda ocultar, pero mientras tanto no deseo que sufra.

—En principio no existe inconveniente para aceptar su petición, pero solo en principio, ya que debido a ciertos planteamientos éticos que me he impuesto, desearía que me respondiera a unas preguntas cuya respuesta me darían tranquilidad a la hora de hablar con su esposa. No conozco nada de su vida y el ocultar deliberadamente esta información, previamente solicitada, podría comprometerme incluso desde una perspectiva puramente legal.

—Lo comprendo. Puede preguntar lo que considere adecuado; no obstante, puedo asegurarle que solo existe la intención que ya he dicho

Durante cierto tiempo mantuvimos una conversación en la que obtuve respuesta a determinadas dudas y abrió el camino para poder comprometerme a mantener el silencio que solicitaba.

Poco después, salió de la consulta y pude continuar con los otros enfermos que estaban citados para esa tarde. De la misma manera pasó el martes, sin nada específico que resaltar, pero al llegar a casa sobre las diez aproximadamente, sonó el teléfono. No me sorprendió demasiado, ya que el sonido de este "descargador de adrenalina" era frecuente, pero sí resultó extraño el motivo de la llamada.

—¿Es Ud. el Dr. Sierra?

—¿Quién llama?

—Disculpe por la hora, pero necesitaba hablar con Ud. Solo son dos minutos. Me llamo Elvira y soy la esposa de un enfermo que va a visitar mañana y es para mí muy importante que nos veamos antes. Tenemos cita para las seis y media y me han dicho en su consulta que suele comenzar a las cuatro, por lo que le ruego poder hablar con Ud. Solo serán cinco minutos y es muy importante que nos veamos.

—Bien, vaya a las cuatro y hablaremos.

—Muchas gracias. Hasta mañana.

Al día siguiente cuando llegué a la consulta ya estaba esperando, así que la hice pasar.

—Bien, Ud. dirá en qué puedo ayudarle.

—Dr. Sierra. Mi marido se llama Sebastián y esta tarde venimos a su consulta. Tiene un cáncer de pulmón, en casa todos sabemos que le quedan muy pocos meses de vida y desearíamos que no se lo dijera, porque de esa manera podemos evitarle mucho sufrimiento.

La miré durante un buen rato, envuelto en un sinfín de preguntas y tratando de valorar algo que, a bote pronto, no parecía posible; a pesar de todo, continué observándola con intensidad desacostumbrada, en un intento de perforar su mente y extraer rápidamente ciertos motivos, que interpreté desde un principio como amor.

—No se preocupe que no le diré nada.

—Muchas gracias, no sabe cómo se lo agradezco. No deseamos que sufra, por le menos, que él no sufra.

Generosidad correspondida. La esposa y el marido, por distintos caminos, en un intento por evitar el sufrimiento del otro, acudían a mí, para hacerme cómplice de su "engaño".

Sobre las seis y media, cuando llegó su momento, pasaron a la consulta y podía adivinarse como ambos me enviaban una especie de mirada furtiva, donde se intuía cierta complicidad. Una vez sentados en su sillón, antes de que empezaran a decir nada, tomé la palabra. No deseaba que comenzaran ellos y verse obligados, desde un principio, a comenzar una farsa que yo había decidido romper. Había pensado, que aquel matrimonio se merecía que les dijese la verdad y orientarlos por un camino que posiblemente no habían valorado. Había decidido, en conciencia, que tenía que ser así, aunque dar el paso me estaba costando más de lo que supuse en un principio. Los miraba a los ojos y podía ver como la ansiedad los atenazaba a la vez que ellos esperaban mis palabras y sobre todo, el contenido de las mismas. ¡Adelante! Era necesario romper el silencio; así pues, tragué saliva y comencé:

—Tengo algo importante que decirles, por lo que les ruego no me interrumpan mientras hablo. He necesitado bastante tiempo para tomar esta decisión, que en principio, por ser una noticia tan inesperada como inusual, no tenía una respuesta clara para ella.

Los dos saben que Sebastián padece una enfermedad muy grave, que habitualmente se acompaña de no muy buen pronóstico.

En aquel momento los dos abrieron los ojos profundamente sin dar crédito a lo que escuchaban, sobre todo después de la conversación mantenida en privado y por separado con los dos.

—Vuelvo a rogarles que me escuchen. Los dos conocen la enfermedad de su marido y he pensado que debía intervenir para hacerles llegar una verdad. He considerado que es cruel, que un acto de generosidad por parte de los dos, se transforme en algo sumamente triste. En conciencia, he concluido que debían estar los dos informados y por eso les hago partícipes de una circunstancia que conocen y mantienen en secreto con la mejor intención.

Elvira se puso a llorar, su marido la rodeó con los brazos para consolarla y en silencio la besó en el pelo.

—¿Qué debemos hacer?
—En principio, solucionar la consulta para la que han venido. Abriremos una historia, iremos recopilando datos y después se pondrá un tratamiento, que espero sea lo más eficaz posible. El tratamiento oncológico corresponderá a su oncólogo, del dolor me ocuparé yo, y por supuesto incluiré una recomendación, que aunque está fuera del tratamiento farmacológico y son Udes. libres de aceptarla, pienso que deben meditar antes de llevarla a cabo o rechazarla.

—¡Cómo la vamos a rechazar!

—Es simple, no es un tratamiento en su estricto término y Udes. son los que deben tomar esta decisión. Con los tratamientos médicos seré más inflexible.

—¡Díganos!

—Una vez concluida la consulta, Udes. se marcharán a su casa como es natural. En principio no se digan nada, pero empiecen a pensar en algo que podría ser muy interesante, y es que deben aprender a vivir con toda la intensidad del mundo el tiempo que les quede por estar juntos. Pienso que los dos se merecen disfrutar de la vida, de esta vida que tienen por delante. No sabemos con exactitud si será muy larga, pero mi consejo es que la intensidad la marquen Udes. y solo Udes. Yo, por ejemplo, me iría una semanita a la playa a disfrutar del mar, sus atardeceres, también, porque no, sus "pescaitos". De tantas y tantas cosas pequeñas que nos proporciona la vida a diario, y que en la mayoría de las ocasiones pasan por nuestro alrededor sin darnos cuenta.

Mientras Sebastián me miraba con algo de duda en sus ojos, su esposa continuaba llorando sin ser realmente consciente del alcance de la conversación que mantenía con su marido; no obstante, él daba la impresión de que poco a poco asimilaba mi consejo.

Al terminar la consulta, se despidieron cortésmente, con una nueva cita a la que deberían asistir para continuar el tratamiento. No se trataba de un capricho, sencillamente la enfermedad seguiría avanzando y era necesario ajustar a la vez los tratamientos. Estas citas se daban semanalmente y el paciente podía decidir, caso de estar controlado, acudir por consulta, o bien, a las dos semanas, una llamada telefónica para indicar que todo estaba bien.

Pasados diez días desde esta consulta, se recibió una llamada telefónica solicitando cita para el miércoles, cita que le dio la enfermera.

Ese miércoles, con puntualidad cronométrica se presentaron los dos en la consulta. Lo primero que me llamó la atención era la alegría con que se presentaron. Me levanté para saludarlos, pero Elvira rechazó la mano, bordeó la mesa y me echó los brazos al cuello.

—Dr. Sierra. No sabemos cómo agradecérselo. Hemos pasado los mejores días de nuestra vida. Nos fuimos a la playa y hemos estado allí ocho días, pero de verdad, será algo que nunca olvidaremos. Tenía Ud. razón, es algo que jamás podremos olvidar. Lo vivido es otra dimensión.

Mientras Sebastián, entre serio y con media sonrisa, indicaba que su mujer decía la verdad, comencé a pensar en la diferencia que existe entre dolor y sufrimiento. Mañana sería otro día y cuando la enfermedad avanzase, la bruma que produce el paso del tiempo, borraría estos recuerdos, pero lo vivido quedaba ahí.

Sebastián vivió casi cinco meses y, al fallecer, la viuda vino a la consulta para darme las gracias por la ayuda que presté a su esposo.

Fue un regalo que me emocionó.

Para mí constituyó una manifestación palpable del auténtico significado de la relación médico-enfermo. No nos conocíamos y con el trato llegamos a ser amigos, confidentes y con una empatía más que importante. Me enseñó un camino que ya habíamos aprendido en la Facultad, y en el trato con otros pacientes, pero este fue algo muy especial, podría afirmar que casi definitivo a la hora de valorar no solo el dolor, también el significado de sufrimiento y a mirar a los ojos de los enfermos que se sentaban ante mí para relatar sus dolores… y sus penas.

¿CREE UD. QUE PODRÍAMOS TUTEARNOS?

Aquella tarde era de las que resulta difícil olvidar. San Pedro, muy posiblemente, se había olvidado cerrar los grifos del Cielo y caía agua con una fuerza tal, que al dar en los cristales de la consulta infundía preocupación por la posible rotura de alguno de ellos. Estaba resultando un otoño extremadamente lluvioso y la borrasca que nos acompañaba en estos momentos, era solo una más de las que sufríamos con total estoicismo.

Llegado el momento, la enfermera me pasó el siguiente enfermo acompañado de su esposa. En ningún momento he dicho que siempre la mesa de mi despacho estaba ubicaba al final de la habitación, lo más alejada posible de los pacientes, con el fin de poder observar su comportamiento, andares, y otras peculiaridades, antes de que se sentaran frente a mí. Y esta primera impresión, sin saber aún la causa, me resultó algo preocupante, porque en su vestimenta me pareció observar cosas que no cuadraban. Este paciente era alto, discretamente bien erguido, con el pelo muy blanco y peinado hacia atrás; en conjunto, un paciente que mostraba prestancia y buen porte, con una ropa limpia, aunque no muy cuidada y creo que fue principalmente lo que más me llamó la atención. Iba a pedirle que se sentaran y comenzar mi interrogatorio cuando, de pie y sin saludar, se dirigió a mí para decirme en un tono que podría catalogarse como insolente:

—Verá Dr. no necesito que me haga preguntas, sé todo lo que me pasa. Tengo un cáncer de próstata muy avanzado con metástasis óseas diseminadas por todo el cuerpo. Vamos, que estoy desahuciado y me voy a morir pronto, ya me lo han dicho, pero tengo dolores y lo único que deseo es que me los quite, así que no considero necesario muchas preguntas.

La verdad es que su actitud me resultó bastante ofensiva a pesar de que la experiencia nos enseña que con ciertos pacientes, sobre todo cuando ya están cansados de asistir a distintas consultas, es necesario tener mucha paciencia, pero también hemos aprendido que es necesario para controlar al paciente, y en este caso utilizaré un símil taurino, "tirar el capote al suelo y hacerte con él", ya que si no es así lo más probable es que no consigas nada.

—Comprenderá que aunque Ud. no considere necesario que le haga muchas preguntas, el que debe valorar esa circunstancia soy yo, ¿no cree? Porque en caso contrario, la verdad, sería una pérdida de tiempo por parte de los dos y si mira la ventana, observará lo que está cayendo. Así que podríamos comenzar. ¿Me hace el favor? Y le indiqué la silla para que se sentaran.

Se sentaron los dos y tomó la palabra su señora, Aurora, casi sin mirarme a la cara y con señales de estar bastante avergonzada, para comenzar pidiendo disculpas.

—Verá, discúlpenos, Andrés no es así. Bueno, Andrés es mi marido y está muy nervioso porque tiene mucho dolor, pero él no es así.

—No se preocupe, le comenté, estas cosas suceden muy a menudo y carecen de la más mínima importancia. Espero poder ayudarle. Pero antes de preguntar por su dolor me gustaría conocer por Ud. si su marido últimamente se ha descuidado algo, por ejemplo, en el aseo.

—Sí, es así. ¿Cómo lo sabe?

—Ha sido solo intuición. Eso también será necesario tratarlo. Ahora tranquilícense y comenzaremos con algunas preguntas.

Esta primera consulta fue algo más larga de lo habitual, debido sobre todo a la enorme cautela que puse en mis preguntas, para evitar un nuevo encontronazo. Terminada, acordamos que la próxima visita sería la semana siguiente y así en lo sucesivo hasta que controlásemos el dolor. También acordamos que sería posible que necesitase alguna prueba para conocer con exactitud el alcance de su proceso, su diseminación y todas las circunstancias que me ayudaran a controlar el dolor.

A partir de aquella primera visita, todo el tiempo que estuvimos en contacto, el trato fue inenarrable por la empatía que surgió entre los dos. Con el paso del tiempo incluso venía a la consulta sin estar citado, solo por pasar el rato y hablar de "sus cosas". No tenían hijos, pero el matrimonio estaba íntimamente unido después de cincuenta años de casados y llegó a confesarme que tenía cuatro carreras universitarias que nunca había ejercido por no tener necesidades económicas. Tenía, no obstante, una afición, era coleccionista de metales y piedras raras, de los que poseía una muestra muy considerable que deseaba donar, a su muerte, a un museo. Los dos estaban muy unidos y siempre lo habían estado y ahora su máxima angustia era saber que su esposa quedaría sola. Siempre dependió de él y ahora me tenía que confesar que alguna noche se despertaba y lloraba por ella.

—Mire, Dr. no tengo miedo a la muerte, estoy preparado, pero no saber qué será de ella me desarma. Yo soy muy fuerte pero ella no es así. Ahora estoy hundido

—Creo que Ud. se confunde —le decía en un intento de animarlo— las mujeres son más fuertes que nosotros, pero les gusta hacernos pensar que nosotros somos los fuertes.

En cierta ocasión se presentó en la consulta, como casi era ya habitual, para pedirme que tomara una cerveza con él, porque deseaba invitarme. Le verdad es que fue un sorpresa, al ser la primera vez que se daba esta circunstancia. Aunque era la hora de terminar la consulta y me encontraba algo cansado acepté y nos bajamos al bar de la esquina.

—¿Se ha sorprendido por la invitación? Me comentó, mientras llamaba al camarero.

—A decir verdad, un poco, no lo esperaba. Siempre que viene nos limitamos a parlotear de medicina, dolores, fármacos, y otras cien cosas, pero nunca de tomar una cerveza, aunque creo que con lo cansado que estoy me sentará de maravilla y tendré que agradecerle la invitación.

—¿Puedo hacerle una pregunta? —me dijo.

—Una y las que hagan falta, siempre nos estamos preguntando algo.

—Dr. Sierra. ¿Cree Ud. que ya tenemos la suficiente confianza, quiero decir que tenemos amistad como para tutearnos?

En aquel momento, debido a la sorpresa, estuve casi a punto de ponerme a reír y no podría decir si fue porque me emocionó o porque me cogió de sorpresa semejante solicitud, pero pude controlarme.

—¡Pues claro, yo considero que sabemos tanto uno del otro que podríamos tutearnos!

—Entonces no me llame más de Ud.

—Por supuesto, nos conocemos tanto que sería conveniente tutearnos Andrés —le remarqué el Andrés— piensa que ya sé hasta cuantas veces vas al retrete.

—Ya me gustas más. Había pensado que no te encontrabas a gusto con mis conversaciones y que solo hablabas conmigo por educación.

A partir de aquel día aumentó aún más la cordialidad y de vez en cuando se pasaba por la consulta para tomar una cerveza.

—Que sepas que solo vengo porque me consta que estás cansado y así te obligo a pensar en otras cosas.

—No sabes cómo te lo agradezco, porque si no fuera por ti, de la consulta a la casa y a esperar otro día.

Y yo asentía mientras lo miraba a la cara y observaba con qué placer disfrutaba su cerveza.

El tiempo pasaba inexorablemente, la enfermedad hacía estragos y habían transcurrido algo más de catorce meses desde el primer día, cuando sonó el teléfono y pude oír a Aurora a través del auricular. Lloraba y de forma entrecortada me contó que habían ingresado a Andrés por una fractura de húmero y que lo iban a operar. Según le dijeron le iban a poner un clavo en el brazo para estabilizar la fractura.

—Dr. Sierra. ¿Qué digo? ¿Acepto o no?

—Aurora, es necesario. Con una fractura no puede estar por la impotencia, el dolor y otras muchas razones. ¡Vamos a hacer una cosa! ¿En qué hospital se encuentran?

—Estamos en San Juan de Dios.

—De acuerdo. Estoy en quirófano y en cuanto termine voy al hospital y hablo con mis compañeros. Si tardase algo más de lo previsto y deciden intervenirlo de urgencia, Ud. dé su consentimiento, porque los médicos son de confianza y harán lo mejor para él. Tranquila que yo estaré con Ud.

Sobre las nueve de la tarde, más o menos, una vez terminado mi trabajo, fui al hospital. Ya había sido intervenido y se encontraba en Reanimación. Pregunté a mi compañero, el traumatólogo que lo había intervenido, que me explicó todo el proceso y sobre todo las razones que habían aconsejado una intervención tan rápida, que yo trasladé a Aurora y que pareció tranquilizarla.

A partir de esos días, el deterioro fue en aumento, aunque el dolor, causa fundamental de mi actuación, estaba controlado, así como los rasgos depresivos que mostrara al comienzo de conocernos. A pesar de que Aurora no parecía darse cuenta de la suma gravedad en que se encontraba Andrés yo le comentaba, cada vez que me era posible, entre otras razones porque evitaba que estuviese presente su marido, lo "malito" que estaba y que debía ser fuerte y estar preparada por si en cualquier momento sucedía lo peor, pero siempre decía lo mismo:

—Es la voluntad de Dios.

La fractura de húmero no fue la única. Habían pasado unos tres meses cuando de nuevo sonó mi teléfono. Ahora estaba en casa, acababa de cenar y me disponía a relajarme un poco antes de acostarme. Era Aurora:

—Dr. Sierra, —nunca consintió tutearme a pesar de mi insistencia y decirle que parecía raro que su marido y yo nos tuteáramos y en cambio ella no lo hiciera, a lo que me respondía que me había conocido como Dr. y le resultaba raro llamarme de otra forma—, es Andrés de nuevo. Está muy "malito" y creo que se va a morir. Hemos tenido que llamar al servicio de Urgencias y se lo han llevado "al Reina Sofía" porque se ha roto el fémur por dos o tres sitios. Yo lo veo muy mal y se puso a llorar.

—No se preocupe Aurora, ahora mismo voy al hospital y los veo allí.

Cuando llegué al hospital subí a la planta y solicité a la enfermera si me podía enseñar la historia clínica, a lo que accedió de inmediato, —en el hospital nos conocíamos casi todos y esta enfermera y yo habíamos coincidido anteriormente en el área de quirófanos de Urgencia— la estudié y después pasé a la habitación para verlo. Aurora llevaba razón, estaba muy mal, en las últimas. No sabía si viviría uno, dos o tres días, pero no pensé que se pudiera hacer nada por él, posiblemente ni un enclavamiento para solucionar su múltiple fractura. Cuando me vio hizo un intento de sonreír, pero no le fue posible; no obstante, tuvo fuerza para hablarme.

—Hola Ramón. ¿Has venido porque me voy a morir?

—Ni mucho menos, Andrés, he venido porque acaban de dar una noticia en televisión que considero que te dará mucha alegría. Se refiere al cáncer de próstata. Acaban de decir que se ha descubierto una vacuna que cura el cáncer de próstata y ha sido tal el alboroto que se ha producido en Estados Unidos, que el propio Presidente ha dado orden de que se empiece inmediatamente a fabricar en serie y a distribuirla en el mundo entero. Según han dicho, puede curar totalmente el cáncer de próstata en menos de un mes y posiblemente podamos disponer de ella en menos de una semana. Sería tu curación. Me ha dado tanta alegría oírla que no he podido remediar el venir a transmitírtela.

Jugué —no es la palabra exacta, pero como la utilizamos con frecuencia y con buen ánimo en nuestras conversaciones, he preferido dejarla— con el conocimiento de que a los enfermos terminales, parece como si se les pusiera una venda en los ojos y en su afán de curación, no perciben el drama en su total magnitud. Así pues, seguí dando ánimo mientras Aurora salía al pasillo a llorar amargamente.

—¿Puedo decirte algo?

—Pues claro, no faltaría más. Puedes decir lo que consideres oportuno y sobre todo después de esta noticia que tenemos que celebrar cuando salgas del hospital.

—Es la mejor noticia que me han dado en mi vida y aunque viviera cien años más, no serían suficientes para agradecerte que hayas venido a dármela.

—Bueno, Andrés, una vez que te he dado la noticia, debo ir a casa, que he dejado sola a mi mujer y hoy todavía no la he visto. ¿Te parece que mañana a primera hora me pase de nuevo por aquí y si has descansado bien continuemos con esta conversación?

—Sí. Sí, llevas razón, ya mañana continuaremos con nuestra conversación y a ver si mientras tanto surgen nuevas noticias, aunque después de esto no sé si podré dormir tranquilamente durante el resto de la noche. Hay que ver, yo que no he soltado un taco en mi vida, por una vez me están dando ganas de soltar uno.

—De acuerdo, piensa en uno que sea bien gordo, porque la noticia se lo merece. Hasta mañana, descansa y cuando vuelva ya tendremos ocasión de hablar con más detenimiento y sobre todo con más información.

Me marché después de despedirme de su esposa y darle un abrazo de consuelo, mientras ella trataba de expresarme todo su agradecimiento no sin llorar sobre mi hombro.

Andrés falleció a las cuatro de la madrugada y siempre me ha quedado la enorme satisfacción de saber que una pequeña, yo diría piadosa mentira, hizo que en sus últimos momentos de vida, pudiera disfrutar de una paz razonablemente dulce.

Han pasado muchos años y aún recuerdo como si fuera ayer algunas de las conversaciones que mantuvimos en la cafetería que hay en la planta baja donde estaba la consulta. Era un gran hombre, inteligente, culto y, sobre todo, bueno.

(Adormidera).

CHANTAJE

Fue un compañero, el que me habló por primera vez de esta paciente.

Excelente profesional, no solo en el ámbito científico, también en el personal, donde en todo momento ha destacado como alguien que se implica en el tratamiento de sus pacientes hasta lo indecible. Cuando considera que puede prestar cualquier tipo de ayuda a uno de ellos, no duda ni un segundo en realizarla, si puede, si no, recurre a cualquier otro compañero que pueda solucionarlo.

En cierta ocasión, me vino a buscar al hospital de Cruz Roja para pedirme que, por favor, me hiciese cargo de una paciente que estaba en muy malas condiciones. Su fin parecía estar próximo, no más de tres o cuatro meses, como consecuencia de un cáncer de páncreas y pensaba que no era posible la intervención por la evolución tan avanzada y el alto deterioro de la paciente. Pero lo peor era su dolor, que calificó de insufrible, y me pedía que fuera a su domicilio para verla, estudiarla y poner tratamiento, con el fin de calmarla o por lo menos aliviarla.

—¿Es familiar tuyo? –le pregunté.

—No, no me toca nada; es más, no la conozco y es la primera vez que la he visto. Me han llamado para que la estudie y dé mi opinión sobre la posibilidad de una intervención. No es así y he pensado en ti para que, al menos, controles el dolor mediante un bloqueo, un catéter o simplemente tratamiento farmacológico.

—Sabes que no visito a domicilio. ¿No sería posible trasladarla al hospital y allí me hago cargo de ella? En la casa y sin medios, es más difícil valorar a estos enfermos —continué— y si, además, está tan mal, posiblemente lo más indicado sería su ingreso.

—No es posible. Ya lo he aconsejado, pero la familia se niega a que se ingrese, no por problemas económicos, ya que se trata de una familia con recursos.

—¿Entonces…?

—Podría tratarse de un tema religioso. ¿Te haces cargo de ella? —me comentó casi dando por terminada esta conversación.

—Sí, iré a verla. Dame la dirección y el teléfono. Llamaré para presentarme y solicitar la autorización para acceder a su domicilio.

—Gracias. Te debo una.

—De acuerdo. Una cerveza que no te pienso perdonar.

Esa misma tarde, llamé por teléfono al domicilio de la paciente para presentarme e indicar que el Dr.… me había pedido que estudiara a la paciente para valorar su estado e instaurar el tratamiento adecuado. Se trataba de concertar una cita con la familia y concretar la hora exacta para la visita. Contestó una voz de hombre que se presentó como el marido de la paciente y dado que la tarde estaba ya bastante vencida, decidimos que el día siguiente, una vez saliera de mi trabajo en la Seguridad Social, sobre las tres de la tarde, me pasaría por su domicilio y llevaría mi maletín bien preparado para el tratamiento de cualquier dolor, además de los útiles necesarios para la exploración de la paciente.

La tarde del siguiente día, tal y como se había acordado, me presenté en su domicilio, donde fui recibido por el mismo señor con el que hablé el día anterior, que me hizo pasar a una salita donde me pidió que me sentara mientras una chica me preguntaba si deseaba tomar café, a lo que asentí. Después de la presentación según norma habitual, comenzamos la conversación.

—No sé qué le habrá comentado el Dr.… sobre mi esposa. Yo le pondré al día de su historia clínica, ya que los datos los tengo todos aquí e incluso puedo darle opiniones de otros doctores que no están incluidos en estos documentos, con lo que se podría evitar molestarla o hacerlo lo menos posible..

—Me han dicho que tiene una enfermedad muy grave y…

—Sí, un cáncer de páncreas —me interrumpió como para acortar preámbulos— nos han dicho que no existe solución. Las posibilidades de supervivencia están estimadas en unos cinco meses, pero sobre todo, que el dolor es prácticamente insoportable y nos han dicho que contactásemos con Ud. para tratarlo.

—No sé si podré quitar el dolor totalmente, pero sí se podría calmar y hacer que duerma y descanse. Constituye una forma muy importante de paliar sus dolores. A pesar de ello, hay otros medios, como pueden ser unos bloqueos de ciertos nervios en la espalda que podrían ser definitivos para calmar el dolor, pero antes es necesario valorar su estado físico, analítica y otras circunstancias.

—¿Le parece que pasemos al dormitorio y la vea?

—Por supuesto, cuando Ud. decida. Por cierto ¿Sabe ella lo que tiene?

—No, ella no está al tanto de nada. No conoce su enfermedad ni la gravedad y deseamos que no sepa nada.

—No se preocupe, si lo han decidido, por mí no sabrá nada.

Pasamos directamente al dormitorio donde se encontraba la señora, casi dormida por los fármacos, como había supuesto y me confirmó su marido. Casi sin poder articular palabra y la mirada perdida en la nada cuando me presenté y le transmití mi saludo de rigor.

—Hola Fuensanta, he venido a verla para intentar ayudarle todo lo que sea posible. Me ha dicho su marido que tiene Ud. mucho dolor. Intentaré hacerle unas pocas preguntas, pero si no se encuentra bien, podemos dejarlas para después.

Me dirigió una mirada ausente, más dirigida al vacío que a mí y en la que era difícil detectar cualquier atisbo de emoción.

—¿Le duele mucho? —le pregunté.
—Sí, mucho, —y con su mano se señaló la parte superior del abdomen, casi a la altura del estómago.
—Bueno, no se preocupe que no la voy a molestar más, voy a poner un tratamiento e intentaré calmar ese dolorcito que tiene en el abdomen.

Dediqué el tiempo necesario para su exploración y, tras mirar al marido, le hice una señal para retirarnos. Una vez fuera de la habitación le pedí ir a la salita que ocupamos al principio. Nos encaminamos a la misma y una vez sentados, le pude hablar con más tranquilidad.

—Bien. En principio considero que la intervención, no me parece indicada. No me refiero a la intervención de la que ya les habló el cirujano, sino de otro tipo de intervención que podemos hacer mediante punciones a través de la espalda para llegar a determinados nervios, que si los anulamos, hacen remitir el dolor en su totalidad. En este caso no lo considero oportuno, debido al importante deterioro que posee su esposa. La analítica presenta, así mismo, unas cifras que desaconsejan la intervención.

Dicho de otra manera, el riesgo es tan elevado, que valoro como mejor alternativa, un tratamiento farmacológico entre las distintas posibilidades de que podría disponer. El dolor producido por esta enfermedad responde muy bien a los morfínicos y sus derivados. Así que si lo aprueban podríamos comenzar.

—De ninguna manera, —me respondió—, no vamos a consentir que se utilice morfina en esta casa.

—No lo entiendo. La morfina es un fármaco que como cualquier otro tiene sus acciones beneficiosas, no solo para el dolor. También es verdad, que posee efectos secundarios que sería necesario tratar, pero el dolor estaría controlado.

—De ninguna manera. Acabo de decir que en esta casa no se va a permitir el uso de morfina, ni de cualquier otra medicación que contenga morfina o similares…. Existen otros fármacos, sin ser morfina, que se pueden utilizar.

—Es cierto, pero no con la intensidad que tiene la morfina y es conveniente saber que este dolor, el que padece su esposa en este momento, es muy considerable y con seguridad no disponemos de otro fármaco que pueda controlarlo.

—A pesar de todo, no se utilizará la morfina.

Me encontraba desarmado ante la ausencia de argumentos por parte de esta persona y llegué a pensar en la serie de controversias, producto de leyendas urbanas que circulan y han circulado permanentemente y que ya había escuchado en muchas ocasiones, por lo que decidí insistir ante el convencimiento de que el sufrimiento de aquella mujer era enorme. Aunque me pusiera pesado era necesario que intentase convencerlo, un esfuerzo más, o dos… o los que fueran necesarios, pero debía intentarlo.

—Su esposa está sufriendo mucho y me veo en la obligación de insistir. Por favor, le ruego considere la situación y que sería posible hacer desaparecer el dolor o cuanto menos, disminuirlo y tendría una muerte en paz y sin sufrimiento.

—¿En paz? La única paz que se puede obtener es en "el Cielo" con Él y si su sufrimiento contribuye a ganarlo, bien venido sea.

Por unos momentos me quedé sin habla, estaba desconcertado. Hablábamos un lenguaje separado por años luz y a marchas forzadas intenté buscar un argumento capaz de luchar contra algo que despejara mi nebulosa, sin encontrarlo. Nunca se me ha dado bien la lucha contra un talibán, que era como yo consideraba en ese instante a un ser que parecía salido de las páginas de un Antiguo Testamento, dirigido por un Dios cruel y vengativo.

—No sé qué decirle. Soy médico y durante toda mi vida me han enseñado, al menos lo han pretendido, a pelear por el enfermo, a intentar prolongar la vida, ya que yo no puedo darla, a calmar el dolor, el sufrimiento, a dar la mano para expresar apoyo. Me han educado para dar vida y en su defecto lograr al paciente una paz, que en principio Ud. le niega a su esposa.

—Ud. no puede entender nada de esto, —me contestó casi insultante— ¿Cree Ud. que el Cielo se consigue de cualquier manera? El Cielo se consigue día a día y para eso es necesario el sacrificio.

Acababa de ver claro y no parecía posible lograr cualquier tipo de acuerdo que llevara a un tratamiento adecuado y mucho menos, si pensaba utilizar algún tipo de morfina. Con tristeza consideré que lo más adecuado era entonar una retirada sin traumas para nadie y dejar el tratamiento en otras manos que pudiesen aportar lo que yo no había podido o no había sabido controlar.

Era la vida eterna la que estaba en juego. Dolor y sufrimiento a cambio de salvación o de un buen lugar en el Cielo.

Decidí despedirme y comenté que mi opinión se la transmitiría al compañero que indicó la visita.

—Bueno, creo que debo despedirme. Si en lo sucesivo considera adecuado o necesario llamarme, no lo dude ni un momento.

—¿Tiene Ud. compañía?

—No, no tengo compañía. Por lo menos no la tengo para estos casos, ya que no hago visitas a domicilio. He venido por atender la petición de un buen amigo.

—Entonces dígame cuánto son sus honorarios y se lo abonaré.

—No, mis honorarios son cero. La visita a su esposa fue como consecuencia de la petición de un buen amigo, al cual debo informar de alguna manera del estado de la paciente y de mi opinión. Es lo adecuado. Buenas tardes.

Y me despedí. Nunca más volví a tener noticias de este señor, aunque a través de este amigo supe que no consintió poner tratamiento con morfina o derivados a su esposa. Durante el tiempo que vivió esta pobre mujer, el tratamiento que recibió fue a base de Nolotil, a mi juicio tratamiento insuficiente, y tuvo una supervivencia de cuatro meses. Por mi compañero y amigo me enteré de su fallecimiento.

(Catavinos cordobés).

¿CREE UD. QUE UN *MEDIESITO* ME SENTARÍA BIEN?

El vocablo *mediesito* no es fácil de conocer, ni tan siquiera de identificar fuera de nuestra tierra, Córdoba, por lo que considero adecuado explicar este término.

Si buscamos en cualquier diccionario, es posible que nos diga que se trata de una moneda de plata o bien de una moneda de veinticinco céntimos que circuló por Venezuela en torno al año 1954. Incluso podrían explicar que un medio es la mitad de algo en términos matemáticos. Para los cordobeses es otro concepto. Debería decirse *mediecito*, pero en la campiña, donde la "c" se pronuncia "s" sibilante, se transforma en *mediesito*. Ahora, es necesario explicar por qué lo de *mediesito*. Es una apelación cariñosa y forma de utilizar del diminutivo, aunque es necesario decir, que en este caso el medio es el doble de algo. Parece un galimatías ¿verdad? Pero no es así.

En Córdoba el *mediesito* es una medida de capacidad de aproximadamente 125 milílitros, contiene habitualmente vino de la tierra y se sirve en vaso de cristal, pero como la modernidad nos ha pervertido, ahora se sirve en copa y con una capacidad a "ojo de buen cubero". En cualquier rincón de nuestra piel de toro, las tertulias entre amigos siempre se han mantenido en bares, antiguas tabernas, o lugares similares, ante una copita de vino. En nuestra provincia, según el número de participantes en la tertulia, se solicitaba una jarra de vino de un litro fresco, alegre y con las características terapéuticas suficientes como para elevar el espíritu del que lo bebe en esta tierra de carácter alegre, zumbón y senequista, donde las palabras son como suenan y no como se escriben. Pues bien, este litro tiene dos medios litros lo cual parece una obviedad y cada uno de ellos tiene dos cuartos. Cada cuarto tiene dos medios y cada medio dos copas. Ya queda claro qué es un *mediecito*, algo así como una belleza que otros llaman medio a secas, sin tener sentimiento de culpa y necesidad de acudir al confesionario. Así es, y este es el por qué nosotros lo denominamos de manera cariñosa un *mediecito* o *mediesito,* según la zona de la provincia. Como se puede intuir escribo en términos de chanza, que es la manera de decir en broma cosas serias. Es algo así como emitir una sonrisa al mismo tiempo que se derrama una lágrima. Mi compadre, personaje excepcional por lo buena gente que era —ahora no me pararé a explicar también lo que significa buena gente— y el salero que tenía —murió de cáncer— cuando nos reuníamos a charlar y a intentar arreglar el mundo, yo le solía decir:

—¿Compadre quiere Ud. una copita? — y él me respondía.

—¡A tomarme un *mediecito* venía!

Los compadres, como manda la tradición, se hablan de Ud. por consideración y respeto y también, por tradición. Espero que ahora haya terminado de explicar el significado "ad integrum" de una pequeña parte de nuestro peculiar vocabulario.

Pues bien, en homenaje a Rafael, solo puedo escribir este capítulo en términos jocosos, ya que su carácter abierto, simpático y divertido no me permitiría hacerlo de otra forma. Era lo que en términos de amistad podría denominarse "un tío salao" y no se escribe así, que podría interpretarse como falta de ortografía, sino por lo dicho con anterioridad, como homenaje. ¡Va por ti Rafael!

Antes de conocer a Rafael conocí a su esposa. Estaba en la consulta cuando una enfermera se acercó para decirme que una señora quería verme antes de visitar a su marido. Ambos, junto a un hijo, esperaban ser recibidos, pero deseaba decirme algo muy importante de forma privada. Acostumbrado a estas solicitudes, no dudé ni un momento en decir que podían pasar y hablaríamos. Sabía cuál iba a ser la pregunta y la petición de la señora.

—Dile que pase.

Una vez hubo pasado la señora, se sentó en la silla que tenía frente a mi mesa de despacho y sin dar demasiadas opciones, se conoce que por el nerviosismo que la atenazaba, rompió a expresar su deseo.

—Verá Dr., mi marido tiene una cosa muy mala según nos ha explicado el médico que lo ha intervenido, ¡ya sabe Ud.!, muy mala, y el pobre se va a morir según nos han dicho, así que no queremos que le diga lo que le pasa; pero lo más importante, es que le gusta beber, no mucho, ¿sabe Ud.? pero sí bebe con frecuencia y como es fácil que le pregunte si puede tomar alguna copita, queríamos decirle que Ud. le diga que no puede beber.

—Me parece bien, pero debe saber que no puedo comprometer mi actuación sin hablar antes con el enfermo y tomar libremente una decisión. Puedo garantizarle que haré lo posible por atender su petición, pero no le puedo asegurar que la siga. Si está de acuerdo no hay más que decir, de no ser así, debería pensar la posibilidad de que su marido sea visitado por otro compañero.
—No, deseamos que sea Ud. quien lo vea, pero le pedimos que tenga en cuenta nuestra opinión, porque lo hacemos solo por su bien.
—De acuerdo, vayan a por su marido y pasen.

Cinco minutos después pasaba a la consulta Rafael junto a su esposa e hijo y comenzaron una serie de preguntas junto al estudio de su historia clínica que portaba bajo el brazo. La cara era simpática y en todo momento expresaba alegría —nadie podría sospechar que aquel paciente tenía una enfermedad tan avanzada, y que su dolor fuese tan considerable. De vez en cuando soltaba una anécdota o chirigota que convertía la consulta en algo agradable, muy al margen del drama que presenciaba.

—Verá, yo no sé lo que tengo, pero lo que sí sé es que hay en la espalda un roe-roe que no me deja vivir. Se lo digo a mi mujer y ella me dice que soy un quejita y que esto no es *ná*, pero el roe-roe sigue ahí. Vera Ud., es como si tuviera un perro mordiéndome en la espalda y digo yo que será por algo.

—Es natural, —le comenté yo con un poco de sorna, para quitar dramatismo y poniendo en práctica comentarios de mi buen amigo y maestro Antonio Espejo— es que clases de dolor hay dos: el de los demás que siempre es exagerado y el propio que suele ser insoportable.

—Ud. es de los míos, de los que entendemos las cosas. Y es que yo se lo digo. Chiquilla, que este dolor no es normal. Por cierto. ¿Ud. cree que este dolor puede ser por tomar un *mediesito* de vez en cuando?

—En principio no me lo parece, pero cuando sepamos alguna cosita más de su enfermedad, podríamos apuntar más fino.

—¡Tú ves! —dijo dirigiéndose a su esposa— y después a mí. Mi mujer se ha empeñado en que estos dolores son por el *mediesito* que tomo al mediodía. ¡Total, *ná*!

—Uno —comenta la esposa—, dos y algunas veces tres, y por la noche otros dos.

—Dr. ¿con los tratamientos que me tendrá que poner cree que podría tomar un *mediesito*, aunque solo fuera por el mediodía? ¡Me da la vida!

—Un *mediesito* no creo que le siente mal y si además le da vida, dado que mi intención no es matarlo sino ayudarle, podríamos contemplar esa circunstancia y una vez hayamos terminado, ver si es posible. ¿Le parece?

—Dr., va Ud. a hacer que piense que es como mi padre.

—Bueno, no es para tanto. ¿Podemos continuar?

La esposa y el hijo me lanzaron una mirada algo aviesa, de pocos amigos, pues al parecer había descompuesto su estrategia, pero estaban avisados y lo único que hice fue establecer el orden de prioridades que siempre me he marcado. El enfermo es un todo que va mucho más allá de su propia enfermedad, aunque esta afecta también a su familia; por tanto, al ser el elemento principal de todo este círculo y la familia ocupe un segundo lugar, el enfermo siempre debe centrar toda nuestra atención. Continué con la exploración y cuando reuní todos los datos para poder establecer no solo el diagnóstico, sino también un pronóstico, me dirigí a todos ellos en conjunto para comentar.

—Bien. Parece que está claro lo que tiene y que puedo ayudarle para calmar esos dolorcillos.

—¿Dolorcillos…? Me dijo y dejó la palabra en el aire.

—Bueno, algo más que dolorcillos, pero de entrada tampoco voy a asustarlo, porque entonces me temo que no vuelve más y los directores me cierran el chiringuito —le comenté en tono guasón para tratar de quitar hierro a esta primera consulta—. Verá, existen varios medios para ayudarle con este dolor. Se pueden hacer unas infiltraciones en la espalda e introducir anestésicos que le quitarán el dolor.

—¿Qué riesgo tiene eso? —volvió a interrogar.

—Es una intervención quirúrgica y como tal, está sometida a ciertos riesgos. No son muy altos y además puedo garantizarle que tengo bastante experiencia en este tipo de intervenciones, por lo que sería un riesgo bastante asumible; como respuesta es casi seguro que el dolor desaparecería en su totalidad.

—A mí me da mucho miedo el quirófano y si hay otra cosa lo preferiría. ¿Es posible otro tratamiento que tenga el mismo resultado sin entrar en quirófano?

Verá, Rafael. Por supuesto que existen otros tratamientos, pero como son de tipo farmacológico, es posible que le produzcan efectos secundarios que pueden ser desagradables, como estreñimiento y otros por el estilo.

—Aun así lo prefiero. De ninguna manera quiero entrar en el quirófano, porque de solo pensar, me puede dar un *yuyu*. Verá, yo no soy supersticioso pero es que me da un *yuyu*. De verdad que me da un *yuyu*. ¡Qué no quiero quirófano!

—De acuerdo. Podríamos recurrir a pequeñas dosis de morfina. Poca cosa y además aquí sería interesante retomar la conversación anterior sobre el *mediesito*.

—¿Qué no puedo tomarlo? No se preocupe que yo haré lo que Ud. diga.

—Todo lo contrario. Si ponemos una dosis muy bajita de morfina, para que los efectos secundarios sean menores, podríamos potenciar el efecto de la morfina con un *mediesito* al mediodía y otro por la noche.

—¿No me engaña?

Ahora miró con aire triunfante a su esposa e hijo y de pronto lanzó un grito. ¡Oooolé! Se puso de pie y rodeando la mesa vino a darme un abrazo. Solo pude sonreír, porque contemplar aquella alegría y explosión de júbilo ya valió la pena.

—Pero ojo, Rafael. Solo un *mediesito* con cada comida.
—Es Ud. mi padre. ¿Cuándo tengo que volver de nuevo?
—¿Le parece que primero pongamos tratamiento, organicemos las próximas visitas y hagamos las cosas por orden?
—Lo que Ud. diga. ¿Niña has oído? Dos *mediesitos* al día.

Terminada esta primera consulta se marcharon todos menos el hijo, que se quedó rezagado y una vez que los padres habían salido de la consulta se dirigió a mí con ánimo reprobatorio.

—Le habíamos dicho que no le permitiera beber. Habitualmente suele hacerlo algo más de lo conveniente y teníamos la esperanza de que no le permitiera tomar nada de alcohol. No me ha parecido bien lo que nos ha hecho.
—¿Conoce la enfermedad que padece su padre?
—Nos han dicho que tiene un cáncer de páncreas.
—¿Y sabe qué esperanza de vida tiene?
—Eso no lo han dicho. ¿Ud. puede decirme algo sobre esto?
—Sí. Si desea saberlo creo que estoy en la obligación de decírselo.
—Sí, deseamos saberlo.

—Es un tiempo aproximado, pero la patología de su padre no le va a permitir una supervivencia superior a los seis meses. Y ahora soy yo el que desea una respuesta por su parte. ¿Con el tiempo que le queda de vida cree Ud. razonable que lo prive de una satisfacción o como quiera llamarlo que no le supone deterioro de la enfermedad y que si se lo produce tampoco va a ser significativo? ¿De verdad cree que he actuado mal al aconsejarle que tome su *mediesito*?

—No. Tiene razón, a mí tampoco me gustaría que lo hicieran conmigo. Gracias, Dr. y le ruego me disculpe. Yo se lo explicaré a mi madre y seguro que también lo entenderá.

A continuación salió de la consulta.

Las consultas se sucedieron con cierta frecuencia. Teníamos un teléfono para que los pacientes pudieran llamar durante toda la mañana, con la intención de evitar su asistencia a urgencias en caso de problemas con la medicación o bien por disminución de su eficacia. Esta opción asistencial permitía alargar discretamente las consultas, con la intención de no sobrecargar la lista de espera y era atendido por una enfermera con protocolos establecidos y que se aplicaban según las circunstancias. A Rafael las citas para revisión se le daban cada diez días, pero solo eran las citas, ya que cuando menos lo esperabas se presentaba en el despacho para consultar cualquier cosa e incluso como ya manifestó en varias ocasiones solo para hablar, ya que según él "un ratito de reconversación le animaba muchísimo"; así pues, nos poníamos a parlotear según el tiempo de que disponía, que a decir verdad, era bien escaso, pero era tontería bregar.

Un día se presentó con una cinta de video donde había grabado todas las cogidas graves de toreros, porque había detectado que me gustaban los toros, en otra ocasión un pequeño cuadro que había pintado y representaba un picador apoyado en el burladero de una plaza de toros y así sucesivamente, pero sobre todo, lo que deseaba era hablar y contarme lo enormemente agradecido que me estaba por ser tan comprensivo y "haber dado en la tecla de su tratamiento".

Después de casi cinco meses en los que semanalmente nos veíamos en la consulta, un día se presentó solo el hijo, para comunicarme que su padre había empeorado considerablemente y que no podía venir a consulta. Aunque su historia clínica, cada vez que venía, se ampliaba con mis opiniones a fin de entregarlas a su médico de cabecera caso de ser necesario, en esta ocasión deseaban que pudiéramos estar en contacto telefónico con ellos y con mi compañero, porque ya se encontraba muy mal y le iba a ser imposible venir personalmente. Le di toda la documentación que pudiera ser de utilidad y después se marchó.

Estuvimos en contacto telefónico un mes aproximadamente hasta que un día se presentaron en la consulta el hijo de Rafael y su madre. Querían verme. Hacía cuatro días que había fallecido y aunque el hijo no quería que su madre viniese a visitarme a la consulta, ella había insistido en querer verme, porque deseaba darme las gracias por el trato que le había dispensado a su marido y pedirme perdón por su intransigencia del primer día.

Me emocionó, así que me levanté de la silla del despacho y me acerqué a ella para darle un abrazo. Después de unos minutos abrazados se separó y sin decir palabra, el nudo que tenía en la garganta se lo impedía, se dirigió a la puerta y se marchó.

El hijo me estrechó la mano, me agradeció mi trabajo y salió tras de la madre.

Amigo Rafael, descansa en paz y estés donde estés que sepas que tus consultas constituyeron un auténtico deleite. Debes saber que contigo disfruté y aprendí y que aún guardo tu cuadro y la cinta de video con las cornadas más famosas de la historia del toreo. También te diré que de vez en cuando yo también tomo un *mediesito* y hasta el momento me están sentando espectacularmente bien.

¡Hasta siempre, Rafael!

(Caramelos. Foto tomada de Internet).

UN OBSEQUIO MUY DULCE

Aquel lunes se auguraba bien cargadito de trabajo pues, al margen del habitual, me esperaba a la entrada de la consulta un cajón de cartón de considerables dimensiones, lleno de juguetes.

Tal vez debería explicar esta circunstancia y que se pueda entender el porqué. Por aquellos tiempos y centralizado en la consulta, tenía organizado un sistema de recogida de medicinas que a través de diversos cauces enviaba a distintos puntos del mundo. Fármacos en buen estado cuyos envases se habían roto para que parte de su contenido fuese utilizado por pacientes a quien previamente se les habían prescrito pero, bien por curación, cambio de tratamiento por diversas causas o fallecimiento, no se había terminado y entonces los familiares me los devolvían para que yo los pudiese reutilizar.

Un día se me ocurrió que un juguete podría proporcionar a un niño una felicidad comparable a una medicina y así se lo comenté a Juanita, posiblemente una de las mujeres más encantadoras y comprometidas con los enfermos que he conocido, auxiliar de clínica y desgraciadamente fallecida a temprana edad como consecuencia de un cáncer de mama. La verdad es que le pareció una idea estupenda y con la animosidad que la caracterizaba, pusimos manos a la obra con la ayuda de otra enfermera de la consulta de Estudios Preoperatorios también entusiasta, magnífica persona y muy colaboradora. Pronto la idea se extendía y la consecuencia fue que después de Reyes, pasadas las Navidades y concretamente aquel día, me esperaba un enorme cargamento de juguetes de todas clases y colores, que esperaban ser ordenados, clasificados y preparados para el envío correspondiente. Debo decir, no sin dolor, que el contenido llegó a los campos saharauis, pero fue el primero y último, ya que me transmitieron que los portes eran muy caros y solo se podrían enviar materias de primera necesidad, como era el caso de las medicinas. No podían aceptar ni juguetes ni ropa.

Pues bien, aquella mañana comencé con la consulta y la primera paciente que pasó era una anciana que parecía salida de un cuento de hadas, menuda, bajita, de pelo largo y plateado recogido sobre su cabeza. Muy bien arreglada, mostrando a pesar de sus años una cierta coquetería que la hacía particularmente simpática, pero lo que más llamaba la atención era una sonrisa dulce y limpia que lucía como una aureola a su alrededor.

Estuvimos comentando de su problema durante el tiempo necesario para tener una idea del mismo y mientras hablábamos se dirigió a mí con una pregunta que me dejó sorprendido:

—Dr. ¿Le gustan a Ud. los caramelos?

—Pues sí, —le respondí— soy algo goloso, no puedo remediarlo. Y mientras sonreía le pregunté a mi vez. ¿Por qué?

—Por si quería un caramelito.

—Pues sí. Y además me va a venir muy bien porque tengo la boca seca.

Aquello la hizo sonreír y como niña con zapatos nuevos metió la mano en uno de sus bolsillos y extrajo dos caramelos redondos, pequeños, envueltos en papel de celofán blanco y me los tendió para que los cogiera, mientras con aire de satisfacción mal contenida me decía:

—Ya verá que buenos están y como le van a endulzar. Yo siempre llevo alguno conmigo aunque no debo tomarlos porque como Ud. habrá visto en los papeles que me acompañan, tengo el azúcar un poco alto y mis hijas no me dejan, pero siempre llevo alguno porque nunca se sabe; y además, ¿sabe una cosa? Que con la edad que tengo es un placer que no me va a quitar nadie.

—¿Quiere que yo le diga algo como si no fuera médico? —le comenté inmediatamente— que hace muy bien.

Desde aquel día las consultas se sucedieron con la periodicidad que se marcaba en la dinámica habitual y siempre que asistía a la misma practicaba el mismo ritual, al terminar la consulta deslizaba la mano por el bolsillo y extraía dos caramelitos que dejaba sobre la mesa del despacho mientras emitía una encantadora sonrisa como dando a entender que nuestro pacto continuaba en vigor y con confidencialidad, después me hacía la misma pregunta:

—¿Verdad que están buenos?

—Cierto. Puedo asegurarle que son los mejores que tomo y soy muy exigente con el dulce. ¿Puede decirme donde los compra?

—Los compro en un "puestecillo" que hay debajo de mi casa, la dueña es una señora que conozco desde hace muchos años y ya hemos hecho amistad.

—Pues están deliciosos —y ella sonreía.

Cuando se marchaba, los caramelos pasaban a uno de los cajones de la mesa del despacho, donde se unían a los que ya me había dado en ocasiones anteriores y guardaba en una cestilla de mimbre, también recuerdo de otro paciente. Tenía un porte especial y cuando se dirigía hacia la puerta me provocaba una tierna sonrisa, cariñosa, con espíritu protector.

Como la mayoría de estos enfermos, por una razón u otra, un día ya no volvió pero recibí una llamada telefónica de su hija para decirme que Elvira había fallecido y quería darme las gracias por lo bien que nos habíamos portado en la Unidad y que poco antes de morir les recordó que me llamaran para decirme que la disculpara porque ese día no podría venir y traerme los caramelos.

Abrí con una sonrisa cariñosa y en respetuoso silencio el cajón donde tenía depositados los caramelos. La mejor de las sonrisas en honor a su recuerdo, saqué la cestilla y conté, uno a uno, los caramelos… treinta y uno. Faltaba el que comí el primer día y el de ahora. Ellos indicaban las dieciséis veces que vino a nuestra consulta, ya que su encantador obsequio siempre fue el mismo: dos caramelos pequeños, redondos y envueltos en papel de celofán blanco.

Nadie ha vuelto a regalarme caramelos y me pregunto si desde algún lugar ella lo evita para poder, en cualquier momento, ser quien de nuevo me obsequie con tan dulce presente.

Vincent Van Gogh. Dominio Público.

ENTRE EL DOLOR Y
EL DESALIENTO

No desearía contar determinados sucesos o historias de
las que fui testigo durante mi vida profesional, consciente del
dolor que pueden ocasionar, no por escribirlas, solo recordarlas

es suficiente; no obstante, es obligatorio dado el compromiso adquirido conmigo mismo de hacerlas públicas.

La vida es un continuo aprendizaje, tanto de lo bueno como de lo malo, incluso de lo pésimo, y siempre se aprende, unas veces nos muestra el camino, en otras, qué podemos o no deberíamos hacer nunca.

En cierta ocasión pude vivir lo que ahora relato.

Me fue enviado un paciente por padecer dolor de alta intensidad a causa de un cáncer de pulmón y según la historia clínica que aportaba con una supervivencia de tres a cuatro meses aproximadamente. Venía acompañado por su esposa y como era costumbre comenzó por contar algo de su vida, su enfermedad, el desarrollo de la misma y cómo la afrontaba dada su trascendencia.

La consulta, como siempre, era debida al dolor y solo me pedían que controlara el mismo y proporcionara cierto confort en la fase terminal, aunque para mí siempre suponía "algo más" y por esa causa intentaba introducirme un poco en la vida de estos pacientes, con el fin de aportar a la misma un sentido que pudiera ir aún más allá. Se llamaba Alejandro y había pasado por diversas etapas, ya conocidas por los profesionales que solemos tratar estos procesos, de incredulidad, rebeldía, depresión, sumisión o entrega y conocía exactamente todo sobre su enfermedad, evolución y un futuro venidero hasta completar los pocos meses de vida que le quedaban.

El relato resultaba particularmente duro por la crudeza con que Alejandro exponía su historia y sobre todo un futuro tan negro, así que consideré debía interrumpirlo y cambiar de tema, algo así como expresa cierto dicho taurino sobre "una larga cambiada de rodillas", y reconducir el tema por un camino menos árido, así que tomé la palabra.

—Aunque me manifiesta que sabe todo sobre su proceso, puedo asegurarle que no es la primera vez que los médicos nos equivocamos y los tratamientos nos aportan sorpresas muy satisfactorias. No quiero con esto desmentir a mis compañeros, pero nunca viene mal tener un poquito de esperanza. ¿No cree? —le dije con el propósito de crear cierta empatía y hacer más amable el tono de la conversación.

—Este no es mi caso —me soltó con cierta violencia, que yo atribuí a la irritabilidad, una de las fases descritas durante determinados procesos oncológicos— me han dicho que lo mío no tiene solución y además he leído mucho por Internet y sé que mis días están contados, así que no se esfuerce en ser demasiado amable.

No era la contestación que hubiese deseado, pero pensé que su estado de ánimo, tal vez deprimido, podía inducir sus respuestas, así que no di más importancia a sus palabras y continué con el interrogatorio que una vez finalizado me orientó sobre el tratamiento a seguir para el dolor que su enfermedad le producía, para los efectos secundarios que con casi total seguridad iban a hacer presencia y se le dio cita pasada una semana, con la intención de revisar el tratamiento y hacer los ajustes oportunos.

Se le indicaron pautas, forma de contactar con la unidad si era necesario, antes de la fecha de la próxima cita y se le proporcionó una tarjeta donde estaba todo explicado. Terminada esta primera consulta, se marchó.

No pude evitarlo y me puse a pensar sobre qué se me escapaba al no encontrar relación en el trato recibido en nuestra unidad y sus respuestas y actitudes violentas, a la defensiva y sin dar opciones a un trato amable. En principio se escapaba a mi comprensión ya que, a pesar de que la respuesta de los pacientes ante esta circunstancia no siempre era uniforme, en este caso me parecía que existían datos, comentarios e incluso un lenguaje corporal que no se correspondía, un hielo que iba a la deriva y que yo no podía detectar en ese momento. Como el siguiente enfermo acababa de pasar a la consulta y se sentaba frente a mí, dejé de prestar atención al anterior para centrarme en el nuevo, ya habría tiempo de meditar, intentar salir de dudas mediante respuestas que debería darme y conocer si mi impresión era errónea o tenía un fundamento que ahora no alcanzaba a comprender.

Los días pasaban y la próxima cita de Alejandro era el miércoles, así que la llamada de su esposa el lunes por la mañana para solicitar una entrevista previa sobre la enfermedad de su marido, no me sorprendió demasiado, costumbre adquirida con otros muchos enfermos, aunque sí me hizo recordar los pensamientos sombríos que tuve la primera vez que los atendí.

—Dr. Sierra, desearía que tuviese la amabilidad de recibirme, como ya sabrá la próxima cita de mi marido es el miércoles; no obstante, necesito su apoyo en un tema muy delicado, que necesito explicar con detalle, en persona y no me atrevo por teléfono. Es necesario que se lo comente antes de la cita, para que cuando suceda esté al tanto del problema que nos afecta a la familia

—Por mi parte no hay problema, por lo que si lo desea y puede, mañana puede venir sobre la una de la tarde y hablamos, —le comenté mientras revisaba la agenda de citas del día siguiente.

Le pareció bien y acordamos que vendría sobre la una o una y media, según le permitiera su trabajo. En efecto a la una ya esperaba para ser llamada a la entrevista. Su imagen era un poco desoladora con muestras claras de tensión, aunque para mí, todo eran suposiciones apriorísticas. Tras saludarla con la cortesía de rigor y pedirle que se sentara en la silla que tenía frente a mí en el despacho, dimos comienzo a la conversación:

—Ud. dirá, —le comenté al mismos tiempo que indicaba con un leve movimiento de cabeza a la enfermera que hiciese el favor de dejarnos solos y que al salir cerrara la puerta, hecho que pude observar que Encarna agradecía—. ¿Hay algún problema con el tratamiento de su marido?

—No, no se trata de eso. Verdaderamente es que no sé cómo empezar, ya que no se trata de una consulta sobre el tratamiento que tiene pautado a mi marido, para eso ya vendremos mañana; más bien se trata de un asunto muy personal y delicado, que me causa bastante vergüenza contar, pero estoy tan angustiada y sin saber a quién recurrir, que he pensado que Ud. podría ayudarme. La verdad es que la ayuda sería tanto para mi hija como para mí. Debería comenzar por el principio. Mi marido y yo tenemos una hija de once años, aunque yo no soy la primera mujer de Alejandro y esa circunstancia nos ha traído desde el principio muchas complicaciones en nuestra vida matrimonial, tanto con la familia de mi marido como con su anterior mujer. Y de ahí nace el problema que le necesito exponer y para el cual le pido su ayuda si es posible.

Tenemos en nuestro pueblo un pequeño negocio de ultramarinos, del cual vivimos. Hasta ahora no habían surgido problemas en nuestra familia, pero desde que Alejandro enfermó todo se ha complicado y han surgido muchas tensiones cuya causa es el negocio. Este es de Alejandro, pero su propiedad es anterior a nuestra boda, por lo que al conocerse su enfermedad, por un lado su madre y hermana y por el otro su antigua mujer, comentan por ahí que en cuanto Alejandro falte, el negocio tiene que pasar a ellas, porque legalmente les pertenece. Yo sé que es de mi marido y no les pertenece a ellas, pero me consta que han visitado un abogado para que estudie la forma de denunciar el caso para poder acceder al mismo.

—Pero yo no puedo hacer nada. Mi misión es la de tratar a su marido como médico, no de interferir en su vida privada, es posible que hasta desde una perspectiva ética no sea correcto inmiscuirme.

—Se trata del futuro de las dos, vivimos del negocio y no disponemos de otro medio y ahora tendré que hacer frente a los estudios de la niña y sacarla adelante. Todos saben que su esperanza de vida es de unos pocos meses según nos han dicho y por tanto le he pedido a mi marido, para evitar disputas posteriores, que vayamos a un notario para dejarlo todo solucionado y garantizar el futuro de nuestra hija. Podría ponerlo a nombre de la niña, aunque yo lo dirigiría hasta su mayoría de edad, pero se niega en rotundo, no consiente porque según él no se ha pasado toda la vida trabajando para que una vez que se muera yo vuelva a casarme y el negocio lo podría aprovechar otro hombre —y se puso a llorar—, que no hizo nada por levantarlo. El caso es que por unos temores infundados y la presión a que lo somete su familia, no consiente y lo malo es que el día que falte nuestra vida puede convertirse en un infierno y, sobre todo, no sé qué será de nuestra hija al no disponer de otro medio de subsistencia.

—No esperaba nada por el estilo y verdaderamente no sé qué decirle, ya que me plantea un problema familiar en el que, insisto, creo que no me debería inmiscuir. Lo que me cuenta es muy triste y lamento profundamente que se encuentren con semejante problema, pero debo insistir que como médico lo más probable, en este instante carezco de información legal al respecto, es que no debería tomar parte en esta situación, es más, desde el más estricto código ético desconozco si debería expresar mi opinión. No obstante, pienso que lo más adecuado podría ser una consulta a un abogado y que las aconsejara sobre este particular.

—No parece entenderlo. Me encuentro totalmente desesperada y no puedo convencerlo de las dificultades por las que vamos a pasar tanto nuestra hija como yo, porque nos vamos a quedar en total ruina. En cuanto el fallezca, su familia se va a lanzar sobre nosotras y con los juzgados nunca se sabe cómo terminará todo cuando con solo ir al Notario, puede dejarlo solucionado. Ud. no conoce cómo son.

—Solo puedo garantizarle, —me dirigí a ella con un sentimiento de cierto acoso— que voy a solicitar información, para saber si desde una perspectiva ética, según mi profesión, debo interceder y ante todo debe tener en cuenta que aunque yo valore como algo positivo todo lo que me ha dicho, para mí, su marido es el enfermo y a quien me debo principalmente, así que solo me permitiría algún comentario en el caso de que él me lo solicitara o sacara ante mí este tema. ¿Le parece bien?

—Si él tuviese alguna razón de peso podría entenderlo pero el único motivo que existe, según él me ha confesado, es que cuando muera yo volvería a casarme y otro vendría a disfrutar todo lo suyo, negocio y mujer ¿Ud. entiende eso? Yo no, y sobre todo cuando es su propia hija la que más sufrirá con su empecinamiento.

Yo notaba que aquella conversación sobrepasaba mis límites y ante todos los argumentos que yo exponía su respuesta era contundente. Me estaba destrozando mis esquemas mentales, porque en muchas ocasiones no encontraba respuesta al carecer de conocimientos jurídicos que poder aportarle. De ser verdad todo lo que contaba, y así me lo parecía después de conocer tanto al marido como a ella, aquello me parecía una paranoia o algún trastorno psiquiátrico digno de tratar, pero la señora que se sentaba frente a mí parecía absolutamente sincera, así que para terminar esta primera conversación decidí no comprometerme con ella, pero sí dejar la puerta abierta a una posible intervención si en mi presencia surgía el tema. Intentaría mediar con una opinión sincera que no implicase daño a cualquiera de los dos.

Como es natural, al día siguiente, miércoles, se presentaron de nuevo y en esta ocasión solo se habló de medicina, lo cual agradecí; no obstante, pasada la semana de espera para la próxima cita, al volver de nuevo ya no se pudo evitar. Al parecer no era posible que este tema se soslayase por una u otra razón y ya lo esperaba en algún momento.

Aquel día la consulta comenzó con caras largas ya que tanto Alejandro como Encarna, al parecer, habían discutido sobre el sempiterno problema y esta vez tuve la impresión de no poder escapar de la misma y verme involucrado. Todo comenzó con preguntas sobre el tratamiento, cómo se encontraba él y cómo lo toleraba, si había tenido secundarismos y así sucesivamente hasta que en un momento Encarna se dirigió al marido con esta pregunta:

—¿Por qué no le dices al Dr. la causa de nuestra discusión de esta mañana y cuál ha sido tu respuesta?

—Son cosas que no creo que interesen a nadie. Mis opiniones son mías y no voy a soltar el rollo por todos sitios.

—Pero es que, tal vez, el Dr. pueda darnos una opinión que nos ayude y haga que salgamos de este infierno en que nos encontramos.

—He dicho que no.

—¿Podría saber de qué se trata? Simplemente se trata de saber si puedo ayudarles de alguna forma.

—No creo. Son cosas puramente familiares que yo solo puedo entender.

—En ese caso, no insisto.

Encarna no estaba dispuesta a dejar la conversación y retomó la misma explicando detenidamente todo lo que ya me había contado en otra ocasión pero con más detalles que, verdaderamente, me estaban dejando alucinado sin poder entender, de ser verdad, todo lo que se estaba diciendo allí; no obstante, todo parecía verídico, ya que Alejandro no decía nada, solo callaba y permanecía en silencio mientras se desgranaban lentamente situaciones y actitudes de difícil comprensión y mucho menos en un enfermo cuya vida estaba próxima a terminar.

Esta consulta fue muy esclarecedora y desde ese momento comencé a mirar con pena y simpatía a Encarna, ya que supuse pasaba un auténtico calvario; a pesar de todo, el marido permanecía en sus trece y en ningún momento daba su brazo a torcer. Todo lo que Encarna me había contado sobre las opiniones de su marido motivado por celos o quién sabe que otros pensamientos parecía verdad. Que la familia de Alejandro enredaba sobre el negocio en un intento de hacerse con parte o todo, era verdad. Que la antigua esposa tenía idénticas perspectivas, también era verdad. Encarna y su hija, solas, esperaban una solución aunque fuera a última hora.

Yo me había comprometido a no tomar parte y solo dar una opinión, pero no lo pude evitar, así que me dirigí a Alejandro para decirle:

—¿No cree que el futuro de su hija está por encima de cualquier pensamiento, que no voy a juzgar, si bien o mal intencionado, y merecería por su parte algo de generosidad y dejar solucionado este problema antes de que sea demasiado tarde? —no aludí a la cercanía de su fallecimiento, pero pienso que él lo entendió así.

—No puedo, es superior a mis fuerzas. No puedo y no pienso hacer nada al respecto.

Pasaron dos meses aproximadamente antes de que falleciese y esta conversación, una vez iniciada, surgía de vez en cuando y casi siempre sacada a la luz por Encarna mientras él, encerrado en banda como estaba, no era capaz de mostrar un gesto de afecto hacia su esposa e hija ni una palabra que supusiera un cambio de actitud con respecto a la herencia que podría dejar.

Una vez fallecido, vino Encarna a visitarme a la consulta con la niña. Una chiquilla muy despierta, rubita y que hablaba con mucho desparpajo, parecía ser mayor de la edad cronológica que yo conocía por sus padres.

—Dr. venimos a despedirnos, ya que como sabrá Alejandro falleció hace un mes y hemos venido las dos para darle las gracias. Sabemos que hizo todo lo posible por arreglar nuestro problema, aunque esto no fue posible. Consintió morir sin arreglar el testamento.

—¿Y ahora cómo quedan?

—No lo sabemos, tendremos que solucionar algunos papeles de esos que se hacen cuando muere un familiar. Están en manos de un abogado y esperaremos, porque la madre y la hermana ya han denunciado y quieren parte del negocio.

—Lo lamento, pero yo solo podía dar un consejo y su marido no era muy proclive a tomar consejos de nadie.

—De todas maneras muchas gracias por todo.

Me extendió la mano para despedirse y la niña rodeó la mesa del despacho para venir a darme un beso. Después se marcharon.

No he vuelto a saber de ellas y por tanto desconozco como se pudo solucionar el contencioso del negocio. Les deseo que todo saliese bien.

Renshaw Castañeda.

¡QUE NO ME QUIERO MORIR!

Los enfermos con procesos crónicos y principalmente aquellos cuya patología es de evolución rápida, que avoca un fin no
deseado, como es el caso de los pacientes con cáncer, se han
descrito unas fases, que en número de cinco, constituyen etapas
de adaptación durante la enfermedad y que van desde el primer
instante en que se tienen los síntomas reales de su existencia
hasta la conclusión final de la misma.

Una primera fase es de negación y aislamiento; posteriormente, suceden otras que se caracterizan por ira, pacto, depresión y aceptación. Sus nombres ya indican con claridad el contenido y significación de cada fase, pero en este caso desearía centrarme en la segunda: Ira, furor, rabia, envidia, resentimiento que convierten al paciente en una persona de trato difícil, quejumbroso en muchas ocasiones, exigente, que descarga su cólera sobre todos los que le rodean, a pesar de que pueda valorar el sacrificio y esfuerzo que realizan en su ayuda y atención. Es una fase en la que frecuentemente el paciente se pregunta, ¿y por qué yo? ¿Por qué me ha tenido que pasar a mí? ¿Cuál ha sido mi pecado? Muchos enfermos ocultan esta fase de rebeldía, mejor sería expresar, tratan de ocultarla ya que no siempre es fácil su control ante un visión tan pesimista de la realidad a que se enfrentan.

Aquella mañana me encontraba relajado, casi podría decir que eufórico, en este momento no podría recordar los motivos y aunque lo he intentado, no logro dar con la posible causa, pero ciertamente me sentía bien aunque poco podía imaginar que ese agradable estado de ánimo iba a tardar poco en desaparecer.

Era el tercer o cuarto paciente que pasaba y hasta el momento todo había discurrido por cauces de normalidad, cuando me expreso en estos términos no me refiero a violencia física ni nada por el estilo, circunstancia que en aquellos momentos se había repetido en bastantes ocasiones y experimentaba un pico al alza estadística y en la gráfica de sucesos y pienso en pacientes que por sus actitudes pudieran dar lugar a comportamientos que aportasen un torrente de pasiones, buenas o malas, que pudieran afectar su ánimo.

Cuando solicité que pasara el siguiente paciente y se abrió la puerta de la consulta, pasaron dos señores que por sus rasgos denotaban un parentesco bastante próximo, tal vez padre e hijo debido a la diferencia de edad que se apreciaba en ambos, aunque también parecían compartir otros sentimientos en común, como el aspecto taciturno, triste y un rostro cargado de seriedad. Se sentaron en las sillas que existían en la consulta a tal efecto e inmediatamente me dirigí a ellos y por cortesía la mirada buscó la del mayor de los dos, para comenzar el interrogatorio de rigor como solía hacer:

— Buenos días.
—Buenos días, me respondieron casi a dúo.
—Udes. dirán. ¿Quién de los dos es el enfermo y en qué puedo ayudarles?
—Soy yo.
Comentó el más joven de los dos, un hombre no muy mayor, que podría tener entre cuarenta o cuarenta y pocos años, alto, fuerte y cuyo lenguaje corporal transmitía formas educadas, correctas y cuya lectura fue la que hizo que me sorprendiera más la reacción violenta con que se expresó. Antes de mediar palabras se puso de pie y golpeando la mesa del despacho con el puño, levantó la voz para dirigirse a mí con un grito desgarrador.

—¡Qué no me quiero morir! —y se le rompió la voz.

—Tranquilícese y veamos qué le pasa y cómo podría ayudarle con su problema.

—¡Qué me va a pasar! Me estoy muriendo, me han dicho que solo me quedan unos pocos meses de vida, tengo dos hijos y no me quiero morir, —entonces rompió a llorar.

—Dr. —tomó la palabra el señor mayor que yo había etiquetado como padre— discúlpele, está muy nervioso y por esa circunstancia se ha manifestado así, pero él es una persona educada. Últimamente no se encuentra bien.

—No tiene que disculparse, estas reacciones suelen ser muy frecuentes y nosotros ya estamos acostumbrados —comenté para quitar un poco de tensión durante el interrogatorio, antes de comenzar la correspondiente historia clínica—. ¿Cómo se llama?

—Andrés.

—¿Por qué no empieza a comentarme algo de su enfermedad, qué compañero lo ha visitado hasta ahora, tratamientos que le haya prescrito y sobre todo qué sabe de su enfermedad y pronóstico? Debe saber que en muchas ocasiones, con los avances que han surgido en el tratamiento de ciertos procesos como este, se están consiguiendo muchas cosas buenas hasta hace muy poco tiempo impensables y con un muy alto índice de curaciones.

—En mi caso no es así. Me han dicho todo lo que se refiere a mi cáncer, su evolución y sé que "esto" se acaba. Y no sé qué pasará con mis hijos.

—Tranquilízate —le dirigió el padre la palabra mientras ponía su mano sobre la espalda de Andrés, en lo que yo interpreté como un gesto de dar valor y transmitir cariño.

—¡No me quiero morir! —volvió a repetir en tono mucho más bajo que las veces en que habló anteriormente.

—Aunque no sé si lograré ayudarle, mi intención es esa, así que si le parece podríamos comenzar por el principio. ¿Le parece bien que nos ciñamos a cierto protocolo?

Después de estas palabras continuamos con nuestra consulta como si nada hubiese sucedido y poco a poco se pudo abrir el cerco pétreo que desde un principio parecía existir. La conversación se hacía más próxima en términos de calidez y yo observaba como poco a poco la barrera que nos separaba y que parecía insalvable disminuía y Andrés recomponía su imagen y adoptaba una actitud que se podría etiquetar de "Más digna".

Como siempre y según el protocolo que tenía establecido, una vez conocido su dolor en profundidad y las causas relacionadas con el mismo, pude pautar un tratamiento y un seguimiento de la respuesta y control de efectos secundarios que podrían aparecer como consecuencia del tratamiento con opioides. Se despidieron hasta la próxima semana con arreglo a protocolo y marcharon.

El tiempo que estuvo bajo mis tratamientos fue de dos meses o algo más, durante los que pude ver cómo estas fases descritas, aunque superficialmente al comenzar este capítulo, se iban sucediendo poco a poco y fueron iguales a las sufridas por otros pacientes cuya perspectiva de vida fue muy superior.

Durante el tiempo que duró nuestra relación profesional pude observar como poco a poco modificaba su carácter, a mejor, y se transformaba en una persona afable que casi al final de sus días me confesó que estaba bien con Dios, había asumido que la muerte era inevitable y se enfrentaba al final con mayor aceptación. También me confesó que se iba y lo dejaba todo arreglado para que su familia pudiera subsistir con dignidad.

Desde el primer momento, en que nos vimos con aquel bocinazo desgarrador de ¡NO ME QUIERO MORIR! que debo reconocer me impactó sobremanera por el dolor extremo que lo enmarcaba, hasta el final, aunque fuese poco tiempo, nuestra relación fue entrañable, durante la que mantuvimos conversaciones interesantes sobre el Bien y el Mal, el Cielo y la Tierra, la existencia de Dios y el nihilismo, y me hizo partícipe de muchas de sus inquietudes más íntimas, entre las que su familia ocupaba el principal lugar.

No sé si podrás tener conocimiento de esto, pero debo decirte que cuando me enteré que te habías marchado, fui a la iglesia de San Nicolás y recé por ti, espero que te sirviera de algo, no mucho, en ti no creo que fuera necesario ya que en el poco tiempo que duró nuestra amistad, me enseñaste cuán grande puede llegar a ser un hombre y cuanta grandeza puede atesorar en su interior, aun cuando su apariencia externa de fuerza y dureza nos exprese una cosa bien distinta.

¿QUÉ PASARÁ CON
MIS HIJOS?

Definir el dolor nunca resultó fácil y de hecho han sido muchas las definiciones que han surgido en los últimos años y en distintas escuelas; no obstante, en la actualidad la más aceptada por la   Asociación mundial para estudio del dolor, IAPS, es la siguiente: Una experiencia sensorial y emocional desagradable asociada a un daño tisular, real o potencial o descrita en términos de dicho daño. No es la única, como decía anteriormente y coexisten otras definiciones como la de Melzack y Cassey que lo expresan como una experiencia perceptiva tridimensional, con una vertiente sensorial (discriminativa) una vertiente afectiva (motivacional) y una vertiente cognitiva (evaluativa).

Se podrían mencionar otras muchas, pero con estas dos es suficiente para darnos cuenta que todas coinciden en un punto muy interesante como es la vertiente afectiva, emocional, que se traduce en que todo proceso doloroso se modifica por ciertas emociones o sentimientos, actuales o pasados, del que sufre dolor.

Con tal motivo, en cierta ocasión, un periódico me hizo una entrevista para que intentara aclarar esta evidencia, para ellos teoría, para los que hemos tratado el dolor una realidad, y como la explicación no terminaba de entenderse, puse un ejemplo a modo de parábola para acercar todo lo posible una realidad científica a un conocimiento más práctico, también empírico en la población, y lo hice de esta manera: Imagínense que dos hermanos gemelos, los dos con cuarenta años, que trabajan de mineros en la misma mina y ambos tienen dos hijos varones de la misma edad, enferman de cáncer de páncreas al mismo tiempo y tienen una perspectiva de vida de seis meses, pero por casualidades del destino, a uno le toca el premio gordo de la lotería.

—¿Cuál de los dos experimentará más dolor?

Si consideramos que no solo existe dolor físico, también sufrimiento, dolor que podríamos etiquetar como psíquico, y en este caso uno de los hermanos se enfrenta a la muerte con la tranquilidad de dejar a sus hijos en una buena situación económica.

—¿Sería muy descabellado pensar que aunque tenga un dolor idéntico al de su hermano, al disminuir el sufrimiento y la angustia, podría ser su dolor algo más liviano?

Pensé que sería bien entendido pero me equivoqué y tuve consciencia de ello al comenzar a recibir llamadas de diversas emisoras de radio para que aclarara algo que había explicado anteriormente y que seguía sin comprenderse. Un periodista de mucho renombre llegó a decir en uno de sus comentarios con enorme sarcasmo: "un médico cordobés dice que a los ricos les duele menos que a los pobres" un titular periodístico que me pareció poco afortunado por lo despectivo.

Hoy en día, pasados los años, y con mirada de águila pero sin rencor, me ratifico en aquella valoración que hice sobre la intensidad del dolor modulada por la efectividad.

En cierta ocasión atendí a un paciente con un proceso oncológico avanzado para valorar un dolor que calificaba como insoportable y de hecho debía ser así, ya que la experiencia con ese tipo de patología era determinante. Un hombre joven de unos cuarenta y algo de años, alto, con buena presencia y control de sus emociones. Una vez comenzado nuestro interrogatorio me puso en antecedentes de la enfermedad que tenía y de su posible evolución. A partir de ahí, poco a poco, se relajó y dio rienda suelta a sentimientos férreamente controlados por el poder de una severa educación y pude observar cómo con la mirada perdida en el fondo de la pared desgranaba su vida, su situación y esa enorme angustia que le atenazaba por el futuro incierto de su familia. En determinado momento se dirigió a mí directamente casi de manera imperativa:

—Dr. hay algo que deseo pedirle por encima de todo. Le ruego que mientras Ud. se haga cargo de mi tratamiento sea totalmente sincero, no quiero que me oculte nada, deseo conocer al dedillo y en todo momento las distintas situaciones por las que pasaré. Para mí es muy importante saberlo.

—Si desea conocer con exactitud y en todo momento su situación, tengo la obligación moral de ser sincero y exacto, así que no tenga la menor duda de que así será.

—En algún momento he tenido dudas sobre cómo actuar en determinadas situaciones y qué actitud debía seguir. ¿Podría contar con su opinión en caso de que le plantee estas dudas?

—Por supuesto. No solo estoy obligado al secreto profesional, también mi dedicación al enfermo me aconseja que si puedo ayudarle de cualquier forma que no comprometa mi código ético, debo hacerlo. No dude que me encontrará a su lado si me necesita.

—No sabe cómo se lo agradezco, porque en algunas ocasiones me he encontrado perdido ante pensamientos no muy edificantes, pero mi situación es lo suficientemente desesperada como para pensar en todo, espero que me comprenda.

—A partir de hoy, queda abierto pues el libro de preguntas y respuestas que solo Ud. puede iniciar, le contesté mientras pensaba en eutanasia, autolisis, o cosas por el estilo que pudieran rondarle la cabeza, pero me equivoqué, pensaba en otras cosas.

A partir de aquel momento las consultas se hacían algo más prolongadas y yo notaba que la incertidumbre inicial daba paso a unas formas más comunicativas y como consecuencia las intimidades aparecían inevitablemente. En cierta ocasión inició la conversación de la manera que yo esperaba desde hacía algún tiempo:

—Desearía conocer su opinión sobre un tema algo escabroso que me tiene quitado el sueño. Desde niño he recibido una educación religiosa muy estricta y ahora con los años que tengo me resulta extremadamente difícil apartarme de determinados preceptos.

¡Se preguntará el porqué de esta retahíla! Mi situación económica no es buena, como funcionario tengo un puesto de trabajo pero con un sueldo que difícilmente alcanza final de mes, dos hijos pequeños y no saber qué será de ellos cuando yo falte es algo que me quita aún más el sueño que el dolor. He pensado hacer un seguro de vida y no sé cuántas cosas más aunque, esto pudiera suponer un engaño, estafa o me da igual como se quiera llamar porque, puede creerlo, el dolor es un juguete al lado de la angustia que me provoca el futuro de mi familia.

¿Cómo piensa Ud.? ¿Cree que si hiciese algo por el estilo de lo que le comento estaría actuando mal? Bueno… mal… no, muy mal.

—Enrique, me pone en un gran aprieto, porque su pregunta va mucho más allá de una simple pregunta y acépteme la repetición de la palabra. Es un tema moral y como principio solo soy médico, no moralista. Me ha comentado que es una persona religiosa y practicante, ¿no se le ha ocurrido plantear el tema a un sacerdote?

Yo no creo estar capacitado para solventar esa duda, entre otras razones porque al no estar en su caso, por mucho que lo intente, no podré valorar el problema desde la angustia que siente y lo plantea. Tengo el deber de serle sincero al máximo y puedo decirle con total honestidad, que no sé qué haría y debe tener presente cuando le digo esto que aunque mi proximidad a la religión no sea tan efusiva como la suya, mi exigencia moral es con seguridad igual a la suya. A pesar de todo le debo decir que me ha cogido desprevenido, nunca me hicieron semejante pregunta. Yo insisto en que un sacerdote, o persona documentada en moral o ética le aconseje.

—No puede ser, porque creo que no lo entenderían. He pensado en Ud. porque supuse que habría conocido más casos como el mío y le sería más fácil opinar.

—Probablemente así sea, pero nunca me lo plantearon como Ud. lo ha hecho. De todas maneras si yo tuviera que juzgarlo por ese motivo, no lo condenaría ni en la Tierra, aunque no sea juez, ni en el Cielo aunque tampoco sea Dios y como no sé si Él me perdonará, espero que Ud. lo haga por un comentario que no puedo saber si es de lo más afortunado.

—Solo puedo decirle, Gracias.

—No es necesario. Pero tal vez deberíamos imprimir a esta conversación algo de humor. ¿No cree? Y es que dicen que los médicos somos como   sacerdotes, así que espero que el Papa no me excomulgue por los consejos que doy desde mi confesionario.

Fue la primera vez que lo vi reír. Se retrepó un poco sobre la silla durante unos segundos e inmediatamente se levantó, me tendió la mano para despedirse y con una sonrisa se despidió.

—¿Sabe lo que creo? Posiblemente hubiera sido un buen cura, no me habría importado tenerlo como confesor.
Pues vaya pareja —le contesté.

Se marchó y durante las siguientes visitas no volvimos a comentar nada sobre las confidencias que habíamos mantenido.

Como casi todos ellos, un día dejó de asistir a la consulta, pero en muchas ocasiones he resucitado conversaciones mantenidas con él sobre filosofía, incluso manejamos conceptos teológicos que posiblemente algún teólogo sancionaría dada nuestra falta de formación en la materia, pero nadie puede quitarnos esa filosofía de pueblo que funciona más con los sentimientos que con la razón.

No sé cómo, ni siquiera si solucionaste el problema, pero hicieses lo que hicieses, siempre te tildé de hombre recto y que sepas que aprendí muchas cosas de ti, alguna de las cuales pude utilizar en otras consultas con enfermos que también me pidieron ayuda. Tus dudas sembraron dudas y con el esfuerzo por resolverlas pienso que me hice algo mejor.

CIERRA LA PUERTA QUE
ME QUIERO CONFESAR

La novela *El Filo de la Navaja* de W. Sommerset Maugham es una de las obras que leí en mi juventud y me causó un enorme impacto. Tiene muchos pasajes que me hicieron pensar en aquel entonces, pero sobre todo uno de ellos que, aún hoy en día, transcurridos muchos años, lo recuerdo con demasiada pasión, ya que he podido sentir algo parecido como consecuencia de una historia que me sucedió con un paciente que además, era amigo antes de caer enfermo con aquella maldita dolencia que acabó con su vida.

Este pasaje al que aludo estaba relacionado con el personaje principal de la novela, Larry, que durante una fase del combate mantenido a bordo de su avión, salvó la vida porque un íntimo amigo, profundamente creyente y practicante, interpuso su avión entre el de Larry y un atacante, para salvarlo de una muerte segura, mientras él perdía su propia vida con su actitud heroica.

Larry pasó el resto de su vida dedicado a la búsqueda del porqué, en un intento desesperado y terrible de hallar un camino que su amigo conocía y, aunque a él no le había sido mostrado, sabía o intuía que necesariamente debía existir.

La vida está llena de dudas y de preguntas cuyas respuestas son difíciles de encontrar, sabes que existen, que están ahí justo ante ti, pero no das con la solución adecuada. Después de la muerte de mi amigo, también me hice preguntas, muchas de ellas, probablemente la mayoría, siguen sin encontrar respuesta. Desconozco si la obtendré algún día pero no dejaré que el desánimo se apodere de mí.

José Antonio sufría un cáncer de evolución infausta cuyas posibilidades de curación eran nulas y en aquellos momentos en que las terapias oncológicas distaban mucho de las actuales, peor aún. Él sabía y con conocimiento exacto, que su fin estaba anunciado, y el Hades próximo y con las luces encendidas; a pesar de todo, lo llevaba con toda la dignidad y estoicismo de que era capaz, aunque en ocasiones era inevitable cierta desesperación, porque, aunque consciente de su impotencia ante un proceso del que conocía su agresividad, no dejaba de recordar que las posibilidades de curación habrían sido mayores si, en su momento, hubiese decidido hacer caso al compañero médico cirujano que lo trataba y que le aconsejó intervenirse con cierta antelación, no lo hizo y ahora se sentía culpable de su propia decisión.

No participé en ninguno de sus tratamientos y por tanto mi relación profesional en este aspecto no existió, no así nuestra relación de estrecha amistad, por lo que viví junto a él muchos momentos en los que compartí, porque me hizo partícipe, de ciertas intimidades, pensamientos y sobre todo de la angustia que lo embargaba ante la impotencia y le llevaba en algún momento a exclamar:

—Ramón, es una putada morirse y, sobre todo, es que no me quiero morir. Fíjate lo mal organizada que está la vida, yo no me quiero morir y sin embargo no hay quien evite que esto se acabe y a la vez hay gente que están vivos, pletóricos de salud y se suicidan porque no quieren vivir. Reconoce que esto es una putada. ¿No habría alguno de esos que quisiera intercambiar los papeles? —y sonreía presa de su mal chiste.

La enfermedad avanzó de manera previsible y un día, después de un brote violento y severo de tos, comenzó con esputos sanguinolentos y como consecuencia fue ingresado para estudio y para… si se podía hacer algo que, al parecer, era muy poco. El diagnóstico fue fatídico, metástasis pulmonares, —poco podemos hacer, está en una fase terminal, fue la explicación que recibimos por parte de los compañeros—.

Permaneció en el hospital hasta que falleció. De vez en cuando iba a verlo y pasábamos el rato con charlas que incluían de todo un poco. Una tarde me pareció que lo encontraba peor, con un color de cara ceniciento, nariz afilada, cierta sudoración y una bolsa grande de las de basura sobre la mesilla de noche llena de compresas quirúrgicas manchadas de rojo, producto de expectoraciones continuadas. Cuando me senté en la silla, al lado de la cama, esgrimió una medio sonrisa a la vez que me dirigía la palabra para decir:

—Amigo mío, creo que esto se acaba.

—No seas mendrugo, —le contesté con el ánimo de no mostrar la impresión pésima que me había dado al verlo—. Tú y tus tonterías, esto es un bachecillo, ya verás cómo te recuperas. ¿Quieres que te acerque agua o que te traiga algún zumo fresco de cafetería para ver si te entona un poco?

—Te lo digo de verdad, esto se acaba. ¿No ves la mesilla? Esta tos es continua y no paro de sangrar.

—Siempre con la misma cantinela, ¿no será que te observas demasiado? —volví a intentar derivar la conversación por derroteros menos tensos—. ¿De verdad no quieres que te traiga algo del bar?

—No, no necesito nada, pero esta noche pasada en que no he dormido ni una hora, he tenido tiempo para pensar en muchas cosas y he llegado a la conclusión de que me quiero confesar.

—José, ¿de verdad quieres confesar?

—Esto viene a ritmo rápido, de correcaminos —bromeó— se acaba y he decidido confesar.

—De acuerdo, si es tu deseo me parece estupendo, así que voy a buscar al cura.

—No tienes que ir a ningún lado ni a buscar a ningún cura. Levántate cierra la puerta y te sientas en la silla porque me voy a confesar contigo.

—¡Quieres no decir tonterías!

—No se trata de tonterías. Lo he pensado muy bien y es contigo con quién voy a confesar.

—¿Pero tú me has visto cara de cura?

—¿Y tú, quieres que me muera sin confesión?

—Por favor…—comenté casi como un susurro.

—Tiene que ser así. Necesito que comprendas la importancia que tiene para mí esta decisión y si no la comprendes tampoco pasa nada, porque para mí será igual de válida. ¿Estás dispuesto a escucharme?

—Lo haré.

—…Ramón, no sé desde cuando no confieso, creo que desde chiquillo y creo que nunca más. Tengo serias dudas de la bondad o maldad de muchas cosas, bueno de casi todas las efectuadas en este tiempo por lo que deseo confesar. Me confieso de… y continuó.

Durante una hora aproximadamente me contó prácticamente su vida sin que por mi parte existiera interrupción alguna. Era un monólogo que no me atrevía a romper y desde su comienzo tuvo la virtud de que me sintiera enormemente cohibido, violento, en tensión, sin saber qué decir y en muchas ocasiones consiguió que no supiera ni cómo poner las manos o qué hacer con ellas. Poco a poco me fui relajando y me sentí partícipe en verdad, de la confesión. El principio solo había sido un preámbulo, ahora experimentaba otro tipo de emoción y me sentí en armonía con él. Archivé en mi conciencia todo cuanto me dijo porque sentí la necesidad de rememorarlo después e intentar comprender muchas de las cosas que me decía. Algunas, de difícil interpretación o comprensión a priori, pude analizarlas pasado el tiempo con aceptable interpretación, pero a otras ni tan siquiera pasado el tiempo, he podido darles sentido.

Aquel momento fue distinto a todo lo vivido en mis años y me pareció que participaba en un Acto Sacramental donde yo era el testigo y José el auténtico ministro que en sus ojos apagados traslucía el mayor acto de contrición que nadie pueda imaginar y con él pude entender algo así como que deseaba liberar sus alforjas.

Fue lo que fue y ni una sola letra de más.

Ya era tarde cuando terminó de contarme todo lo que según él era necesario y sin recordar con exactitud la hora, podría centrarla en torno a las nueve aproximadamente, me levanté de la silla donde había estado sentado no sin estirar un poco los miembros, que los tenía como adormilados después de tanto tiempo casi sin moverlos, le dí la mano que él estrechó con fuerza a la vez que intentaba un considerable esfuerzo para incorporarse en la cama y con una sonrisa se iniciaba la despedida que, en principio, parecía definitiva.

Al salir me pregunté si volveríamos a vernos dado el estado en que lo había visto y cómo lo dejaba, así que, al día siguiente al salir del trabajo, hacia media tarde, llamé al hospital para que me pusieran con él, pero no fue posible, había fallecido sobre las seis de la madrugada.

Durante mucho tiempo sentí un gran peso, como una losa que estuviese aplastando mi espalda, y me dio por pensar si ese peso no sería la carga de la que él se habría desprendido. Hoy, todavía pienso en aquellos momentos, sin terminar de comprender el porqué de algunas circunstancias que se presentan en la vida y cuál es su dimensión.

José, sinceramente deseo que al final, cuando ya todo estaba escrito, portases un liviano equipaje y que mi colaboración te resultara eficaz. ¡Adiós amigo!

El Guernica. Fragmento. Hombre implorando. P. Picasso 1937.

ERES MI AMIGO Y ME TIENES QUE AYUDAR

No existen fórmulas mágicas para la solución de problemas y sí trabajo sereno y reflexivo que ordene ideas y pula el pensamiento, del que surgirán bocetos sobre los que será necesario continuar una ardua labor hasta lograr resultados dignos.

Ha corrido mucha tinta sobre la eutanasia y las distintas soluciones que aplicaría cada colectivo, casi siempre basadas en idearios políticos y no en razones que estén sustentadas por la ley natural que busca principalmente el bien del ser humano en su conjunto. Existe un vacío en la legislación actual que reporta dudas a los profesionales y exigencias sobredimensionadas a familiares que sufren el dolor de convivir con un enfermo terminal y con la angustia constante de ver aumentar el sufrimiento que lo aproxima más y más hacia un desenlace fatídico e inevitable y, ante su desesperación, solicitan actuaciones rápidas en la búsqueda de soluciones que pueden no estar en manos de los profesionales que indudablemente no pueden ni deben actuar como unos modernos dioses todopoderosos que deciden sobre la vida y la muerte.

Han surgido multitud de opiniones a lo largo de la historia sobre la eutanasia y su contenido moral que, pasados los años, son retomadas con otras bases ideológicas sin tener presente la realidad social del momento histórico en que se deciden, que es cuando realmente se deben valorar, estudiar y aportar soluciones que no deberían ser rígidas con el fin de poder modificarlas con posterioridad a vista de los resultados obtenidos.

Personalidades como Santo Tomás Moro pudo escribir: "Que siendo la vida un tormento, el enfermo no dude en morir. ...quitándose él la vida o pidiendo que se la quiten los demás". Si fue hace 500 años y debido a la inexistencia de fármacos para el dolor. ¿Hoy se expresaría en idénticos términos?

Hablamos del dolor como la auténtica base etiológica de la eutanasia y podría no ser así, ya que existen otras circunstancias en las que una persona podría buscar su autodestrucción.

A propósito de la búsqueda de su autodestrucción por alguien próximo a mí y que, tanto su estado físico como anímico parecían estables comenté, siempre con el disfraz pertinente de la persona, este tema con dos amigos psiquiatras, de manera independiente, y cuyo tema de análisis era:

—Tengo un paciente que considero que está sano, al menos físicamente, me plantea que desea morir y que yo le ayude, que lo haga por él y por nuestra amistad porque es cobarde y solo no se atreve.

—¿Es verdad lo que cuentas?

—Como si estuviera presente contándolo él mismo. ¿Alguien podría pensar —según me ha manifestado— que el tiempo de vida que le queda entre lo positivo, cuerpo sano, mente igual, sin problemas económicos, familiares, de trabajo, lo que se definiría como muy próximo a la felicidad y lo negativo, que es lo venidero, con deterioro por los años con el dolor que eso pudiera suponer, pérdida de belleza y disminución intelectual… etc., se quiere marchar porque considera que es un balance negativo y como no le interesa vivir ha tomado la decisión de acabar de una vez por todas?

No hubo consenso, opiniones distintas, y me quedé sin poder fortalecer mi opinión.

Este fue el caso.

Una mañana del mes de mayo cordobés, cuando la climatología es envidiada en medio mundo, la alegría inunda las calles debido a ciertas fiestas de exaltación de la primavera y el perfume de azahar inunda el ambiente, se presentó este amigo en mi consulta sin previo aviso, tampoco era necesario al ser amigo personal, entró al despacho y sin preguntar cerró la puerta tras de sí, se sentó en la silla y comenzó esta conversación que casi es literal, al recordarla con el dolor que la situación me produjo.

—No te asustes que no vengo en son de guerra.

—¿Por qué debería esperar tu llegada en son de guerra?

—No me hagas caso, cosas mías aunque a partir de ahora si quiero que lo hagas, porque te voy a pedir una cosa muy importante para mí.

—Podías haber empezado por saludar y después invitarme a café que no he parado desde esta mañana y tengo la cabeza en carne viva —comentario con significación de cansancio.

—Llevas razón, pero ahora no es el momento. Te acabo de decir que necesito tu ayuda. He meditado mucho sobre un favor que te quiero pedir…

—Menos pedirme dinero que estoy tieso, lo que esté en mis manos, —le comenté con sarcasmo— para dar paso a que iniciara la conversación relajado.

—Bien, a partir de ahora te ruego que no me interrumpas hasta haber terminado, porque no deseo perder el hilo de mi conversación. Llevo mucho tiempo que no me siento feliz, no encuentro la causa, no tengo familia ni próxima ni remota, sabes que no estoy casado, no tengo hijos, ni novia, ni padres; en resumen, me encuentro solo en el mundo y mi vida se reduce a levantarme por las mañanas a trabajar, comer, siesta, leer un poco, cena y a dormir. Así día tras día, mes tras mes y año tras año. Y a diario me pregunto si vale la pena vivir así, sin ilusiones, sin esperar nada de la vida… esto es una jodienda; así que he decidido que como la vida no tiene para mí ningún acicate, me quiero "quitar de en medio" —palabras textuales— y este es el favor que debo pedirte: Soy muy cobarde y no tengo valor para hacerlo solo y quiero que me ayudes.

—Para una broma, te recuerdo que no es veintiocho de diciembre, así que déjate de tonterías y monsergas y vamos a tomar café.

—No me tomas en serio —me recriminó por intentar cambiar un tema que, principalmente, debido a la seriedad con que se expresaba e imprevisión me había sobrecogido.

—Dices unas cosas… ¿Por qué no te voy a tomar en serio?

—Porque da la impresión de que no me crees cuando lo que te digo es absolutamente cierto, y mi decisión está tomada, si no fuese porque no me atrevo solo. Te pido por favor que me ayudes porque quiero morir y de verdad yo solo no soy capaz. Lo he intentado pero a última hora me arrepentía. Por favor ayúdame.

—De verdad, aún no sé si estás de broma —volví a intentar disminuir la tensión.

—Eres mi amigo y no te puedes negar.

—Pues claro que me puedo negar. ¿Pero cómo puedes pensar de semejante manera? Para que veas que tomo muy en serio tu decisión te propongo que consultemos con salud mental, yo te acompañaría, pero debes valorar una decisión tan grave que, solo pensar en ella pone los pelos de punta y es necesario pensar en la consulta que te planteo. ¿Me harías tú a mí ese favor?

La conversación continuó durante el resto de la mañana hasta el punto de que mi compañera estudió y trató algunos pacientes que en principio debería haber visto yo, pero no fue posible. Terminó la consulta, todos marcharon, pero aún continuábamos los dos en un "toma y daca" que parecía no acabar. Al fin, entrada ya la media tarde, nos despedimos no sin pedirle que nos viésemos de nuevo pasados un par de días, para seguir intercambiando opiniones —según le dije con el pensamiento puesto en prolongar la conversación en otro momento y ver si su ánimo estaba algo más relajado.

Después de esta primera conversación, mantuvimos dos más en distintas circunstancias, pero su idea permanecía inamovible. Dejó de visitarme y la información que obtenía de él siempre a través de otros amigos y conocidos, que me aseguraban que cada vez lo encontraban más raro, se relacionaba poco, aunque esto último no me sorprendía ya que su círculo social no era muy amplio y él tampoco era muy pródigo en las relaciones con otros amigos.

Pasó el tiempo, varios años aunque no muchos, cuando un amigo común me preguntó si sabía algo de Venancio.

—No, hace mucho tiempo que no lo veo. ¿Pasa algo?
—Falleció hace tres o cuatro meses.

—No sabía nada. ¿Estaba enfermo?

—Posiblemente, la verdad es que últimamente no se relacionaba con nadie. A mí me lo dijo Enrique. Yo tampoco sabía nada y me sorprendió igual que te has sorprendido tú en este momento.

La duda que tenía y no solucionaron mis amigos psiquiatras vino de nuevo a mi memoria y aún hoy día sigue rondando mis espacios mentales sin que la logre entender, mientras sigo pensando que la defensa de la vida es el principal y más fuerte acto voluntario en cualquier ser vivo; así pues, de esta opinión se debería deducir que la autodestrucción solo pueden llevarla a efecto personas que por una u otra razón tienen en ese momento la consciencia perturbada o yo lo quiero ver así, porque desde el primer instante de mi vida médica mis "**Maestros**" grabaron a fuego en mi voluntad, la defensa de la vida y después la propia vida lo ha marcado a sangre, casi con seguridad, por la cercanía de tantos como sufren.

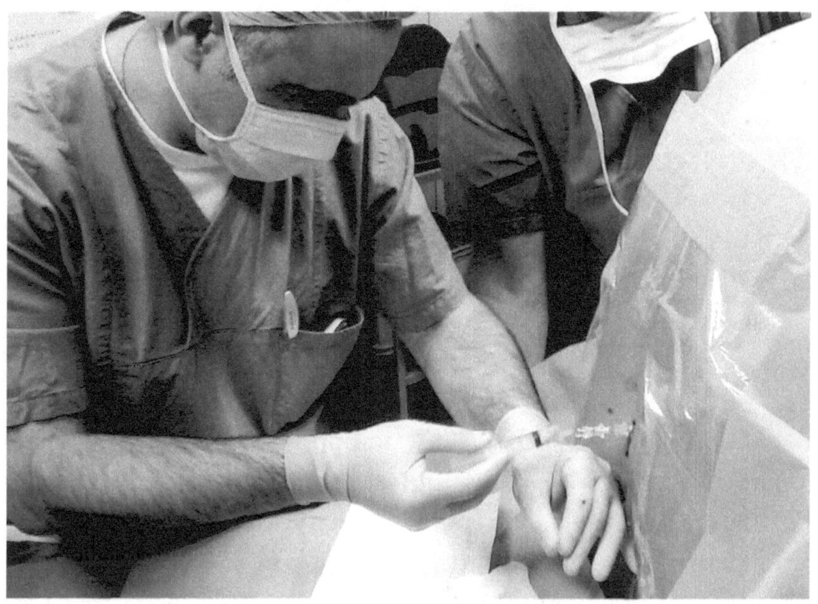

QUIERO DOS ANESESISTAS

Llevar todo el día en el trabajo, sin descansar, produce dos efectos positivos, uno la satisfacción del deber cumplido y otro lo cómodo que te encuentras al sentarte en tu butaca en zapatillas, estirar las piernas y dejar volar la mente hacia ningún sitio, a sabiendas de que ese tiempo ya te corresponde a ti.

El día había sido según dicen los musolaris de "órdago a la grande", se había jugado y ahora ¿tocaba descansar? No, el puñetero teléfono no podía permitir tanta felicidad, así que le dio por recordar que esta no se puede disfrutar así porque sí y como consecuencia fatídica, sonó.

—Buenas noches. ¿Vive ahí el Dr. Sierra?

—Soy yo, ¿quién llama?

—Verá, soy un enfermo del Dr...., que me va operar el martes veintiuno, pero yo le he dicho que tengo que ver antes al anestesista que realmente me va a anestesiar. Es importantísimo y tiene que ser cuanto antes.

—¿Cuál es el problema? ¿No se hizo aún el preoperatorio?

—Sí, sí, ya me lo ha hecho un compañero suyo, pero le he dicho a mi médico —aún se sigue ignorando qué carrera tienen los anestesiólogos— que quiero hablar con el que me tiene que anestesiar porque tengo mucho miedo y necesito hablar con él de un tema personal. Me ha dicho que el anestesista será Ud. y por tanto tenemos que vernos para explicar un tema que me tiene angustiado.

—Bien, dígame que desea.

—No, tiene que ser en su consulta para que me pueda explicar bien y aclarar mi problema.

—Pero ¿no me lo puede decir ahora?

—Por favor, tiene que ser en la consulta.

—De acuerdo, ¿qué le parece mañana sobre las ocho de la tarde que termino la consulta y podemos hablar con más comodidad?

—Muy bien. Mañana nos vemos. ¿En su consulta, verdad?

—Sí, mañana a las ocho de la tarde en mi consulta.

Colgó sin más.

—¿Quién es? —me preguntan en casa.

—Pues aún no lo sé, un paciente que ya ha sido valorado en la consulta, le han hecho el estudio preoperatorio y, a pesar de todo, tiene que hablar conmigo de algo importante. No sé más, solo que... (el cirujano) le ha dado mi teléfono para que me pregunte lo que necesite saber.

El día siguiente, casi al final de la consulta, se presentó Rafael, que esperó una media hora hasta que terminara con el último paciente. Al terminar este, se le hizo pasar y tras el saludo de rigor y presentarse, comenzó nuestra conversación:

—¿Es Ud. el Dr. Sierra?

—Sí, yo soy. ¿Qué deseaba?

—Verá, me van a operar de vesícula el día veintiuno, según me ha dicho el Dr...., pero todavía no está decidido hasta hablar con el anestesista y aclarar algo. Yo tengo mucho miedo a la anestesia, de hecho la operación

no me preocupa, pero la anestesia me produce terror, eso de dormirte y no saber si te podrán despertar. Lo he pensado mucho y aunque es necesario operarme, solo lo haré con una condición y se lo he dicho al médico. Yo quiero que durante mi operación haya dos anestesistas.

—¿Y eso? —le pregunté—. Es la primera vez en mi vida que se me plantea una situación idéntica y si no tiene confianza en mí, no sería problema ya que hablamos con su cirujano y se llama a un anestesiólogo en el que pueda confiar.

—Ni mucho menos. Yo tengo confianza en Ud., ya me he informado, pero quiero que me conteste a una pregunta

¿Ud. puede garantizarme que no se muere mientras yo estoy anestesiado?

Hay pocas cosas que me sorprendan pero aquella pregunta me dejó "a los pies de los caballos".

—Eso no puedo garantizarlo, ni yo ni nadie, para morirse la única condición imprescindible es estar vivo y habitualmente cuando llega esa señora no suele avisar —le contesté con un poco de sorna. ¿Podría darme razones, o decirme por qué piensa así?

—En principio porque tengo mucho miedo a la anestesia, como ya le he dicho, y he pensado que con dos anestesistas, si uno tuviera la mala fortuna de morirse mientras estoy en el quirófano, el otro puede despertarme.

Ya sí me puse a reír, aunque con una sonrisa contenida para no ofender a un paciente que solo estaba expresando unos miedos que muchos conocen, pero este se atrevía a manifestarlos de tal manera.

—¿Y si se muere el cirujano? ¿Va a solicitar también dos?

—No. El problema es la anestesia. Si el cirujano se muriera Ud. me controlaría hasta que pueda llegar otro, o bien si el ayudante es bueno puede continuar la intervención, pero si al anestesista le pasa algo, el cirujano no sabrá que hacer conmigo. Yo quiero dos anestesistas o no me opero. La compañía cubre los honorarios de uno y yo pagaré el otro privadamente, y además deseo que sea Ud. quien decida el otro. ¿Es posible?

—Pues claro, ¿cómo no va a ser posible? Y además su argumento no me resulta fácil refutarlo. Puede decir a su cirujano que todo estará como demanda y mis honorarios serán los de la compañía, los privados mi compañero.

Se despidió hasta el día de la cita.

Todo salió satisfactoriamente y todos tan contentos, pero este caso me hizo meditar mucho sobre dicha previsión, que potencialmente era cierta y explicaré mis razones:

No es frecuente que en un hospital funcione solo un quirófano, por lo que es necesario deducir que existirán como mínimo dos anestesiólogos en el mismo; no obstante, debemos tener presente que existen urgencias que podrían determinar que en ciertos momentos, como puede ser un día festivo, un domingo o sábado tarde, se continúen las intervenciones, principalmente urgencias o partos, y en esos períodos de tiempo, con alta posibilidad, habrá solo un anestesiólogo, y sin olvidar la noche. Este paciente me preguntaba si yo podía garantizarle que no me moriría durante el proceso quirúrgico y lo dejaría solo. Es evidente que esta circunstancia podría suceder en algún momento y a cualquier compañero.

Yo no podía garantizar que no me iba a morir. ¿Y ustedes?

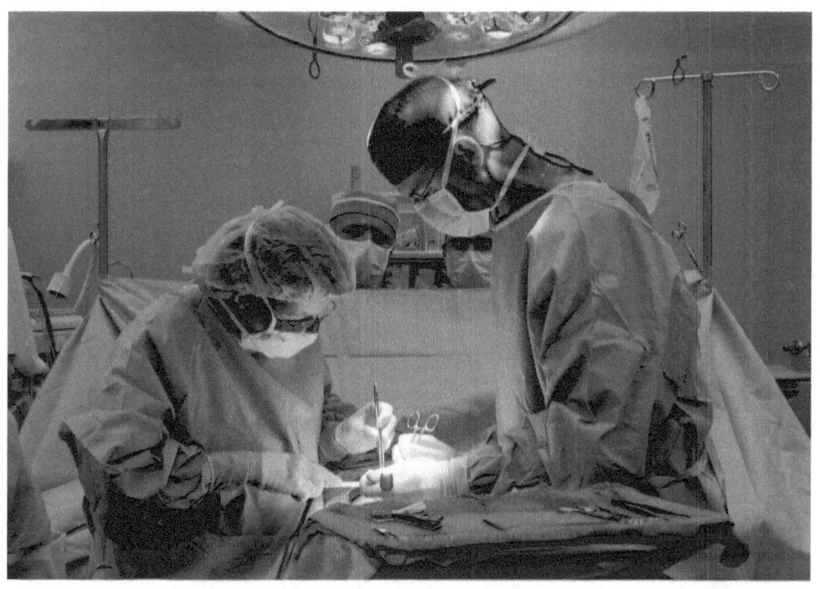

¿QUÉ HAGO CON MI ENFERMO?

Podrían pensar que esta historia es inventada debido a la descrita en el capítulo anterior, pero, como en todo el proceso de mi narración, no dejaré de manifestar que la totalidad de lo expuesto, es veraz. Puede ser difícil aceptarlo, pero es así.

Sábado, de una buena y soleada mañana, acudía a un hospital para atender cierta urgencia. Después de aparcar el coche donde me fue posible, a mayor urgencia, mayor dificultad de aparcamiento, comencé a subir las escaleras que daban acceso al edificio, cuando veo salir una enfermera despavorida que al verme me coge con cierta violencia por el brazo y me empuja hacia las escaleras con el propósito de que las suba a toda prisa, mientras por el camino me grita en un intento de aclarar su actitud:

—Dr. Sierra, corra Ud., por favor, corra que al D… le ha dado un mareo o lo que sea y está tendido en el suelo sin conocimiento y no hay nadie a quien llamar.

—¿Y a la UVI?

—Y yo que sé. Se ha desmayado y yo he salido corriendo para buscar a alguien, —casi se pone a llorar— ¿Dr. Sierra, y si se ha muerto?

—Calla, coño, casi le grito (ruego disculpas por un expresión poco ortodoxa, pero que fue cierta).

—Está tendido en el suelo.

En carrera, todo lo rápida que podíamos, llegamos al quirófano donde se encontraba tendido en el suelo y sin conocimiento mi compañero, mientras otro de Cuidados Intensivos, que acababa de llegar avisado también por otra enfermera, lo auxiliaba. Era un auténtico drama ver el espectáculo, así que observé unos segundos para hacerme idea de la situación. Primero le pregunté a mi compañero de la U.V.I. cómo estaba nuestro compañero, gravedad y si tenía diagnóstico. Me respondió que todo estaba controlado, por lo que me dirigí al quirófano para comprobar la situación y valorar al paciente que, como es natural estaba anestesiado. Al intentar pasar al quirófano me tropecé en la misma puerta con el cirujano bastante nervioso, que me espetaba casi sin dar lugar a mediar palabra alguna:

—¿Y mi enfermo? ¿Quién vigila mi enfermo?

—Pues a partir de ahora, yo. ¿Algún problema?

—No, no, es que mira la situación tan desesperada en que nos encontramos y es lógico que nos pongamos nerviosos. ¿Qué hubiera pasado con el enfermo?

—Probablemente nada —le comenté para tranquilizarlo.

Evidentemente no me creía, por la mirada que me lanzó entre agradecido, incrédulo, y no sé cuántas cosas más, pero casi indicando la posibilidad del desastre que se había evitado. Sin mediar más palabras se dirigió de nuevo al quirófano donde continuó con la intervención.

Pasado algún tiempo, en una conversación mantenida con varios compañeros sobre cómo aplicar en medicina la relación costo/beneficio, yo decía que no era necesario comentar que nuestro país no es rico y que sus habitantes por deducción tampoco lo somos en la inmensa mayoría; así pues, la relación costo/beneficio es una valoración de necesidad imperiosa y permanente. Nuestro sistema sanitario nacional es casi con total seguridad uno de los mejores del mundo y en nuestra disconformidad, muchas veces injustificada, nos preguntamos si podría ser aún mejor. Siempre se puede exigir más, pero también sería necesario preguntarnos si nuestra economía lo permite. Y saqué a colación este suceso en un intento de inclinar la conversación a favor del beneficio y no del costo, para crear polémica, así que analizamos la situación anteriormente comentada y lancé esta pregunta:

—Dado que un anestesiólogo no es inmortal y durante un acto profesional podría padecer un accidente de cualquier tipo que lo privara de la consciencia, dejando desasistido al paciente que se encuentra anestesiado, ¿podrían existir razones suficientes como para exigir la presencia de dos anestesiólogos como mínimo en los hospitales durante cualquier acto quirúrgico? Evidentemente elevaría el costo de cualquier proceso y por tanto la relación costo/beneficio se desequilibraría a favor del beneficio y en detrimento del costo. ¿Verdad? Y a mí me gustaría saber qué opina la administración, los estamentos económicos y sobre todo los ciudadanos y los jueces.

Aunque parezca que mi pregunta podría ser incontestable, sí que lo fue y las opiniones tan dispares que no se pudieron extraer conclusiones convincentes. No vale la pena comentarlas porque sería muy extensa la exposición y además, no aportarían soluciones válidas como no se aportaron entonces; no obstante, yo me sigo planteando la pregunta, tal vez metafísica, igual que si me preguntara sobre el sexo de los ángeles:

—¿Valdría la pena?

Alguien debería tener y dar respuesta.

© Pajor Pawel Shutterstock

LO QUE NO *PUÉ SÉ*, NO *PUÉ SÉ* Y ADEMÁS ES IMPOSIBLE

Los médicos sabemos por gran experiencia, las dificultades que entrañan ciertas consultas donde el paciente no trata de ser claro, por unos motivos u otros y recurre al engaño con fines diversos, sin pensar en ningún instante las dificultades en que nos pone. Nuestra responsabilidad va más allá de una actuación puramente preventiva o curativa que debemos ejercer sobre el enfermo, ya que en nuestras manos está la posibilidad de contribuir, sin querer, a determinadas estafas que algunos intentan en su afán de conseguir logros de muchas características y que no deseo juzgar por no ser a quién corresponda.

Entre la gran cantidad de episodios que podría contar cualquier compañero, deseo destacar la del engaño para conseguir un fin determinado, unas veces fingiendo estar sanos para no ser dado de baja, circunstancia que podría perjudicar su situación laboral y en otras, las más frecuentes, simular una enfermedad para conseguir una baja, una paga, u otras prebendas que la sociedad pone en manos del trabajador, en caso de enfermedad, para cubrir una labor social innegable y de la que muchos abusan con perjuicio importante al resto de los trabajadores en particular y a la Sociedad en general.

El título que he dado a esta historia está relacionado con un caso que tuve ocasión de vivir y sufrir, debido a las consecuencias que me reportó, pero como dicen los entrenadores de futbol: eso está incluido en el sueldo, y como es inevitable que suceda, di este título.

Antes de todo creo conveniente explicar el sentido de la frase que según varios autores tendría padres distintos. Unos comentan que su autor fue el sacerdote, político, diplomático y estadista francés del período comprendido entre final del siglo XVIII y principio del XIX Charles Maurice de Tayllerand-Perigod, pero la mayoría reparten su autoría a un torero, aunque también aquí hay divisiones. Ya conocen ese dicho tan taurino: ¡Y que Dios reparta suertes! —para ver quién de los dos se lleva la gloria—. Hay aficionados a la fiesta que aseguran esa frase es de Rafael Gómez Ortega "El Gallo", y otros entre los que me encuentro, porque siempre lo he oído así, que es de Rafael Guerra, torero cordobés que repartía gracia por arrobas y del que se guardan muchas anécdotas que se las he oído contar a muchos de sus familiares. Este pleonasmo es como sigue: "lo que no *pué sé*, no *pué sé* y además es imposible" y cuadra porque es como queremos hablar los andaluces.

También debo explicar otra anécdota que puede contribuir a que todo se entienda mejor. Como es tan frecuente el intento de engaño al médico y principalmente porque hay quién dice que no existen "dolorímetros" que nos indiquen la intensidad del dolor —comentario erróneo como demostraré—, la fórmula más utilizada por el enfermo es que tienen un dolor insoportable que no les deja vivir. A este propósito yo tenía dispuesto en mi despacho una serie de, llamémosle trampas benévolas, que me servían de ayuda e indicador. Una la he comentado con anterioridad y era colocar la mesa del despacho lo más lejos de la puerta de entrada y observar al paciente hasta que se sentaba en la silla, aunque esta no debe considerarse trampa, deberíamos llamarla inspección. Otra es que colocaba un lápiz o bolígrafo muy cerca del filo de la mesa del despacho con una carpeta de cartón entre el bolígrafo y yo, de tal manera que "sin darme cuenta" empujaba la carpeta y al caer el lápiz al suelo, algunos, con un dolor insoportable que no podían moverse, se precipitaban sobre el material que había caído con la agilidad de "Pinito de Oro", o bien había dispuesto una percha a una altura considerable donde ponía la bata u otro artilugio que yo debía necesitar en un determinado momento ante enfermos que no podían ni levantar las manos, y así muchas otras cosas; aunque sobre todo, una exploración detallada dejaba fuera de toda duda ciertas manipulaciones de síntomas que algunos aducían.

Este señor, desconozco las causa y cómo se apañaba para conseguir ciertas bajas, había sido intervenido de colecistectomía —vesícula biliar— y se quejaba de un dolor insoportable que le impedía todo tipo de movimientos y entre ellos elevar las manos, movimiento imprescindible por ser camionero, y tan malo estaba que ya llevaba cuatro años de baja laboral. Vuelvo a insistir en el "cómo se las apañaba" porque aunque ahora no estoy al tanto de la legislación en aquel entonces, pasado un período de tiempo de unos dieciocho meses, creo recordar, el paciente se incorporaba al trabajo o se jubilaba por enfermedad, después de la correspondiente valoración técnica, por un Tribunal médico.

Después de diversos estudios de todo tipo para evitar cualquier equivocación, toda clase de pruebas y variados tratamientos, no pasó ni una, así que decidí que nos estaba tomando el pelo y era necesario hacer algo al respecto. Un día tuve que coger el rábano por las hojas y le espeté:

—De acuerdo, en vista de que, al parecer, no obtenemos resultados satisfactorios y desde la Inspección me solicitan continuamente informes sobre su enfermedad, he decidido que lo mejor es hacer la prueba de incorporarlo al trabajo y ver la respuesta, para evitar otros problemas de mayor envergadura.

—Ningún problema, Ud. no se preocupe porque si a mí me dan de alta sin estar bien, no me quedará más remedio que poner una denuncia por no poder trabajar.

—Está en su perfecto derecho, pero comprenderá que todos tenemos unas obligaciones y nos exigen cumplirlas; pero es que hay más, si no se incorpora a su trabajo las posibilidades de que surja una depresión es alta y desde esa perspectiva me veo obligado a iniciar este otro camino.

Tal y como le había indicado, extendí un informe dirigido a la Inspección donde de manera muy detallada reunía todo tipo de datos, pruebas y exploraciones a las que lo había sometido durante ¡VARIOS MESES! Al pensar en la casi seguridad de que pusiera una denuncia a la vista de la amenaza y de su historial, redacté el informe con mucho cuidado, más o menos como lo cuento ahora:

—Habida cuenta de que un dolor mantenido durante mucho tiempo podría desencadenar una **depresión severa**, según está publicado en multitud de artículos de revistas médicas, expuesto en Congresos y demás órganos de difusión científica y dado que el dolor de este paciente no se ha podido demostrar que sea severo e impida realizar algún trabajo, para evitar la posibilidad de esta complicación expresada anteriormente, se recomienda a la Inspección **como medida terapéutica,** la incorporación a su trabajo, dejando abierta la posibilidad de que sus patronos decidan el tipo de trabajo y la intensidad del mismo que debe realizar.

Se certificó que estaba en condiciones de trabajar y se incorporó a su trabajo como conductor de camión.

En cierta ocasión, vía oficial, me llegó la noticia:

Había dejado abandonado el camión en una cuneta, se acostó sobre la hierba y pidió que la Guardia Civil acudiera para levantar acta de que estaba inválido, luego se demostró no ser así, y que tenía un dolor tan "grandísimo" que le impedía conducir. Como era natural se llamó a la ambulancia y el "enfermo" fue evacuado.

No volví a tener noticias suyas de manera personal pero sí desde determinado conducto administrativo, así que recordé el comentario expresado por los entrenadores de futbol: todo está incluido en el sueldo.

Cada cual es libre de emitir su opinión y yo de contarlo tal y como sucedió.

¿Podría yo haber actuado mal?

Cristo en la Cruz de Salvador Dalí (Fragmento).

EPÍLOGO

He ilustrado cada capítulo con una fotografía que pudiera por sí sola indicar el significado de la letra y mi estado de ánimo en el momento de llevar al papel un pensamiento y un sentimiento. Por esa razón he colocado en el epílogo "El Cristo en la Cruz" de Salvador Dalí como expresión del dolor total.

Cuando decidí dar forma a estas breves historias, me pregunté qué destino quería para ellas y no necesité demasiado tiempo para visualizar a sus destinatarios. Se hizo patente al comprobar que la mayoría de mis héroes procedían de un estrato social humilde. La erudición debe ser para los eruditos y deseo que no se busque en esta expresión contenido peyorativo alguno, ni pleonasmos que podrían distorsionar mi voluntad de "mostrar y llegar", lo escribo así para dar énfasis a mi propio conocimiento de que pocos que no estén en contacto con ciertas palabras y familiarizados con ellas, las podrán entender; sin embargo, historias con vocabulario más común, al margen de la terminología médica, podrán llegar a todos los que deseo, que así podrán tener acceso con más facilidad al sentir de mis palabras, unos y otros. Creo que al mirar hacia adentro, me siento razonablemente bien.

Miro y repaso lo escrito, por lo que he pensado que, tal vez, algunos capítulos podrían estar sobredimensionados, pero según lo expuesto en el prólogo, todo, absolutamente todo, es cierto y mi intención, con total sinceridad, es llegar a tantos y tantos como sufren de dolor y proporcionarles la esperanza de que hay muchos profesionales que piensan en ellos y que están dispuestos a dar la batalla para ayudarles en cualquier lugar y de cualquier manera; entre otros, muchos compañeros que apostaron con fuerza para crear las hoy llamadas Unidades del Dolor, donde se estudian continuamente las causas del mismo y los tratamientos que surgen a diario para los enfermos que pueden aliviarles su dolor y sufrimiento.

Desde estas páginas, quiero deciros algo más y es que tengáis presente y no olvidéis nunca que el profesional, sea médico o de enfermería, está con vosotros, a vuestro lado, que sufre con vosotros y que su máxima ilusión es ver como día a día mejoráis de vuestro dolor. Es cierto que en ocasiones podremos equivocarnos, pero os rogaría que tengáis siempre presente que errar es humano y desde esa perspectiva nosotros no somos más que nadie, de ahí que tenga que decir, sí, nos equivocamos, pero nuestro error, no voluntario, lo sufrimos con casi igual intensidad que vosotros y también somos dignos de vuestra plegaria.

Con todo mi cariño y gratitud.

Ramón Sierra.
Médico.

Índice

Ramón Sierra *nace en Guadix (Granada) en 1943. Obtiene el Grado de Licenciatura en Medicina y Cirugía en 1967 y el de Doctor en 1978 por la Universidad de Granada. Trabaja como Médico Interno en el Hospital San Cecilio de Granada, donde obtiene el título de Anestesiología y Reanimación, hasta 1971 cuando marcha a Córdoba para incorporarse al Hospital Teniente Coronel Noreña. El 1975 gana en Madrid la oposición de Jefe Clínico de Anestesia y Reanimación en la Ciudad Sanitaria Reina Sofía de Córdoba donde ejerce su especialidad hasta su jubilación en 2008.*

Participa como articulista en el periódico de Córdoba y en la revista Comcordoba de la misma ciudad.

Ha participado en varias ocasiones, tanto en poesía como relatos cortos, en la Semana Cultural Galeno donde obtuvo tres primeros premios.